A PRÁTICA DA CAPELANIA CRISTÃ COMO NUNCA VISTO!

Editora Appris Ltda.
1.ª Edição - Copyright© 2024 da autora
Direitos de Edição Reservados à Editora Appris Ltda.

Nenhuma parte desta obra poderá ser utilizada indevidamente, sem estar de acordo com a Lei nº 9.610/98. Se incorreções forem encontradas, serão de exclusiva responsabilidade de seus organizadores. Foi realizado o Depósito Legal na Fundação Biblioteca Nacional, de acordo com as Leis nos 10.994, de 14/12/2004, e 12.192, de 14/01/2010.

Catalogação na Fonte
Elaborado por: Dayanne Leal Souza
Bibliotecária CRB 9/2162

N456p
2024

Nery, Roseni das Graças
A prática da capelania cristã como nunca visto! / Roseni das Graças Nery.
1. ed. – Curitiba: Appris, 2024.
150 p. : il. ; 21 cm.

Inclui referências.
Inclui biografia da autora.
ISBN 978-65-250-6330-0

1. Capelania. 2. Redenção. 3. Evangelismo. 4. Religião. I. Nery, Roseni das Graças. II. Título.

CDD – 248.4

Appris
editora

Editora e Livraria Appris Ltda.
Av. Manoel Ribas, 2265 – Mercês
Curitiba/PR – CEP: 80810-002
Tel. (41) 3156 - 4731
www.editoraappris.com.br

Printed in Brazil
Impresso no Brasil

Roseni das Graças Nery

A PRÁTICA DA CAPELANIA CRISTÃ COMO NUNCA VISTO!

Curitiba, PR
2024

FICHA TÉCNICA

EDITORIAL	Augusto V. de A. Coelho
	Sara C. de Andrade Coelho
COMITÊ EDITORIAL	Marli Caetano
	Andréa Barbosa Gouveia (UFPR)
	Edmeire C. Pereira (UFPR)
	Iraneide da Silva (UFC)
	Jacques de Lima Ferreira (UP)
SUPERVISORA EDITORIAL	Renata C. Lopes
PRODUÇÃO EDITORIAL	Daniela Nazario
REVISÃO	Katine Walmrath
	Stephanie Ferreira Lima
DIAGRAMAÇÃO	Ana Beatriz Fonseca
CAPA	Kananda Ferreira
REVISÃO DE PROVA	Bruna Santos

1. Dedico ao meu Deus Rei eterno do universo, a letra do hino "Sublime amor de Deus".

SUBLIME AMOR DE DEUS

Sublime amor, o amor de Deus!
Que a lira não traduzirá!
Maior que o mar, maior que o céu
Jamais alguém compreenderá!

Ao pecador em aflição
Seu Filho Deus entregou.
Ao sofredor deu Ele a mão
E as culpas lhe perdoou.

Sublime amor, o amor de Deus!
Oh! Maravilha sem-par!
Por esse amor, eternamente
A Deus iremos louvar.

Se em tinta o mar se transformasse
E em papel o Céu também.
E a pena ágil deslizasse
Dizendo o que esse amor contém.

Daria fim ao grande mar
Ao esse amor descrever!
E o Céu seria tão pequeno
Pra tal relato conter!

Excelso amor, o amor de Deus
Que nos remiu da perdição!
Em gratidão proclamaremos
Tão grande amor e salvação!

E quando enfim no Lar dos Céus
Em gozo e glória eternal,
Pra sempre ali desfrutaremos
Do grande amor Divinal!

Sublime amor, o amor de Deus!
Oh! Maravilha sem-par!
Por esse amor, eternamente
A Deus iremos louvar!

(Letra: Frederick M. Lehman. Música do Hinário Adventista).

2. Dedico a todos os pacientes, doentes de corpo e alma, o poema que escrevi em homenagem ao paciente Vantuil, que na década de 1970 esteve internado no Hospital de Clínicas de Curitiba-Pr, onde, na posição de profissional de saúde, tive o privilégio de conhecê-lo.

O PACIENTE VANTUIL

Entre penumbras e sol
Em um leito de hospital,
Em um ambiente hostil
Se encontrava um paciente
Cujo nome era Vantuil!

Depois de uma recaída quase fatal
Contudo, cheio de fé e confiança!
Dizia-me outra vez:
Será que vou ficar curado dessa doença?
Quero viver! Preciso enxergar!

Vantuil cego e com leucemia.
Estava em plena mocidade
Tinha apenas dezenove anos de idade.
Porém, fora vítima dessa cruel enfermidade!

Entretanto, o tempo foi passando
E a febre só aumentando...
Sempre alegre e esperançoso

Porém, às vezes vacilava
Quando a doença se manifestava
Contudo, esse jovem não se entregava,
Pois logo o seu semblante se restabelecia
E a esperança para lutar renascia!

Naquela enfermaria com melancolia
Eu chegava bem de mansinho
Todavia, minha voz ele já conhecia
E em seu rosto logo estampava
Um sinal de alegria!

Então, começava a falar
Com tanta vontade de participar,
Da vida com seus encantos.
Mas, Oh! Mártir resignado.
Imerso num leito triste
Se encontrava a meditar
E com um olhar distante
Recordava aquele instante
Da sua infância salutar!

Era um menino cheio de sonhos
Que feliz ajudava seus pais.
Porém, a doença chegou,
Devorando os seus ideais.
E com tanta fúria os despedaçou
Que também levou sua vida...
Vantuil foi herói e fonte de inspiração.
Que lutou até a morte, sem hesitação!
Pois apenas queria ser curado e sorrir
Ter um bom futuro, sonhar e viver feliz!

AGRADECIMENTOS

Ao meu **DEUS, Rei Eterno do Universo**, pela inspiração recebida para escrever este livro, *"A prática da Capelania Cristã como nunca visto"*, com a motivação de que será útil e bênção a todos quantos o lerem e o utilizarem no seu ministério cristão.

Aos meus **amados pais, Antonio Kubersky** (*in memoriam*) e **Maria Thereza Hartkopp Kubersky** (*in memoriam*), que sempre confiaram e me apoiaram em todos os meus projetos de vida.

Aos meus **seis amados irmãos, Maria Eli, Noeli, Sérgio, Marcos, Sonia e Andreia**, que, sempre unidos, me encorajaram e acreditaram nos meus projetos sociais e cristãos.

Ao meu **amor e esposo, Luiz Nery**, companheiro e conselheiro, que muito contribuiu na elaboração deste manuscrito.

Aos meus **amados filhos, Karin, Marlon e Maikel**, genro, **Antonio Vitor**, e às noras, **Ana Paula e Laís**, que muito me apoiaram na realização deste projeto.

Aos meus **amados netos, Olavo, Miguel, Rafaela, Joaquim e Pedro**, preciosos presentes de **Deus**, os quais contribuíram para minha inspiração e felicidade!

A todos os **capelães e visitadores voluntários**, que fazem parte do nosso abençoado, *"Grupo Capelania Cristã Graça e Luz"*. Em especial, à **Pr.ª Zilda Oliveira de Mello**, que também participou da sua criação.

À **Igreja Missionária Central de Maringá**, na pessoa do seu presidente, **Pr.J.Jacó Vieira**, da qual eu e minha família somos membros.

À primeira **Igreja Molivi**, na pessoa do seu presidente **Pr. Nilton Tuller**, que me proporcionou a ministração do primeiro Curso de Capelania Cristã em Maringá.

APRESENTAÇÃO

O título deste livro é *A prática da Capelania Cristã como nunca visto*. Autora: Roseni das Graças Nery, Assistente Social, mestre em Saúde e Educação Cristã, auditora fiscal, teóloga, missionária e capelã cristã voluntária, residente em Maringá/PR. Concluí também vários cursos de Capelania Cristã. Durante alguns anos, fui coordenadora voluntária de projetos sociais. Ajudei na criação e coordenação do "Grupo Capelania Cristã Graça e Luz", o qual é composto por pessoas de muitas denominações cristãs e atua em várias instituições de saúde de Maringá/PR e outras regiões.

Comecei a trabalhar aos 14 anos, tendo exercido várias profissões. Todavia, foi aos 19 anos de idade que, atraída pelo amor de Deus aos enfermos, comecei a realizar visitas na Santa Casa de Misericórdia de Curitiba. Na visitação, levava palavras de consolo e balinhas de goma ou amendoim e, a pedido de alguns pacientes, escrevia cartas aos seus familiares, a fim de enviar informações sobre sua enfermidade e receber notícias.

Naquele tempo, mesmo sem saber da minha missão, já era voluntária da Capelania Cristã. Porém, me faltava o preparo necessário para levar o Evangelho genuíno de Cristo, que consola, cura, liberta e salva o ser humano para a vida eterna!

Por isso, no decorrer dos anos, estudei e adquiri muita experiência e conhecimentos nessa área e me apaixonei por esse abençoado trabalho voluntário, do qual faço parte até o presente momento.

Foi por essa razão que escrevi este livro, no qual compartilho com você minha prática de capelã cristã. Com o principal propósito de contribuir na capacitação de cristãos que também estejam dispostos a se envolverem nesse nobre ministério.

Roseni das Graças Nery

PREFÁCIO

Prezado leitor, este livro é um verdadeiro estímulo à prática da Capelania, pois, com conteúdo específico, esclarecedor e didático, capacita com excelência todo aquele que se dispõe a enfileirar-se na missão mais especial desta vida que é a **Capelania Cristã**. Mas, longe de ser apenas um instrumento de ensino, ele também proporciona uma autorreflexão sobre a realidade humana e a nossa verdadeira razão existencial.

Nesta leitura, você vai perceber que as palavras e ideias da autora são misturadas com o Amor de Deus, pois era exatamente o que Jesus Cristo fazia durante seu ministério público. Não é de se admirar que multidões se aglomeravam para ouvi-lo, suas palavras enchiam de alegria e esperança os corações doentes, aflitos e cansados e esse mesmo entusiasmo de Jesus ao expor sobre um Reino Eterno e Inabalável você encontrará com grande intensidade nas escritas destas páginas, enfatizando a importância de fazer parte do **Departamento de Propaganda do Céu**, com conteúdo altamente emblemático sobre Consolo, Perdão e Salvação.

Você também vai se emocionar com o testemunho impactante da autora, quando na sua juventude recebeu um chamado especial de Deus para exercer o "Dom do Socorro" e impulsionada pelo Espírito Santo realizava a visitação hospitalar, cujo ministério tem perdurado até hoje. Como também o sagrado cuidado do nosso Salvador Jesus para com sua saúde operando milagres em sua vida.

Finalizando, posso afirmar que esta obra literária vai lhe oportunizar adentrar para o início de uma caminhada deslumbrante no universo do "Dom da Misericórdia", onde com regozijo você conhecerá um pouco mais sobre o "Coração de Deus". Então, convido-lhe a iniciar esta espetacular leitura.

Pr. Sérgio Antonio Kubersky
Irmão da autora, graduado em Teologia, Geografia e Estudos Sociais. É professor aposentado da Rede Estadual de Educação do Paraná. Bem como tem atuado no Ministério Pastoral à mais de 25 anos.

SUMÁRIO

INTRODUÇÃO 17

CAPÍTULO I
A CAPELANIA CRISTÃ 21

CAPÍTULO II
OS CONCEITOS BÁSICOS DA CAPELANIA CRISTÃ 29

CAPÍTULO III
O CAPELÃO CRISTÃO 39

CAPÍTULO IV
O ENSINO PRÁTICO DA CAPELANIA CRISTÃ 45

CAPÍTULO V
A CAPELANIA CRISTÃ E OS CUIDADOS PALIATIVOS 91

CAPÍTULO VI
OS SETORES DE ATUAÇÃO DA CAPELANIA CRISTÃ 97

CAPÍTULO VII
A CAPELANIA CRISTÃ SOCIAL 121

CAPÍTULO VIII
A PROTEÇÃO ATRAVÉS DA BIOSSEGURANÇA 125

CAPÍTULO IX
IMPLANTAÇÃO DA CAPELANIA CRISTÃ HOSPITALAR E
AMBULATORIAL 129

TRÊS TESTEMUNHOS PONTUAIS DE MILAGRE
E CURA NA MINHA VIDA 137

REFLEXÃO 141

REFERÊNCIAS 143

BIOGRAFIA DA AUTORA 147

INTRODUÇÃO

Creio que nossa vida cristã deve ter o carimbo impresso, do amor de Deus!

De modo peculiar, quero revelar através das poucas linhas deste manuscrito o grande amor que sinto pelas pessoas doentes e vulneráveis, desde minha adolescência, quando eu visitava frequentemente a Santa Casa de Misericórdia de Curitiba.

Essa é a razão principal que me inspirou a escrever este livro prático, resultado da minha experiência pessoal. Assim como o desejo de levar o Evangelho às pessoas, através da Capelania Cristã, visando à Salvação Eterna das pessoas e à expansão do Reino de Deus.

Por esse motivo, tenho a honra de compartilhá-lo com você, esperando influenciar também outros cristãos a fazerem comigo essa magnífica caminhada! Que tem propósitos eternos! Porque a missão da nossa vida é muito maior que a realização pessoal, a paz de espírito ou a felicidade. Porque acredito que fomos criados para glorificar o Eterno Pai Celestial através das nossas vidas! E considero a Capelania Cristã uma excelente oportunidade para alcançar **o Maior Tesouro da Vida!** Que tenho por certo como uma Missão Santa que nasceu no coração de Deus!

Dessa forma, este manual contribui como um rico instrumento **na capacitação dos capelães e visitadores cristãos, no exercício da Capelania Cristã.** Não é apenas uma matéria teórica de cursos, mas sim, uma "receita de bolo", pois apresenta como exemplos práticos, mensagens cristãs de cunho evangelístico, voltadas para as pessoas que sofrem dores físicas, emocionais e espirituais. Por isso, tem o propósito de equipá-los com conteúdos de linguagem simples, que ensinam na prática como desempenhar com clareza e relevância o trabalho missionário.

Ademais, a Capelania Cristã pode atuar em muitos setores da sociedade, como: hospitais, ambulatórios, domicílios, asilos, orfanatos, escolas, empresas, presídios, velórios e outros. Entretanto, o campo de atuação é muito vasto, mas os ceifeiros são poucos!

Desse modo, gostaria de motivar os cristãos a sentirem-se seguros e acolhidos, para fazerem parte desse ministério da Capelania Cristã! Pois sabemos que o próprio Cristo abdicou do seu Trono Celestial, e se permitiu morrer numa cruz, por todos os pecadores, a fim de salvar a humanidade da condenação eterna, conforme vemos: "Mas Deus prova o seu amor para conosco, pelo fato de que Cristo morreu por nós, sendo nós ainda pecadores". Romanos 5:8: Portanto, podemos afirmar que Jesus Cristo foi um Capelão por excelência! Ele orava, consolava, curava e salvava as pessoas de enfermidades tanto físicas quanto espirituais.

Amado cristão, à vista disso, através deste manual básico, quero te encorajar a tornar-se um visitador ou capelão! Se temos o chamado e a oportunidade para cumprir essa missão, prossigamos, com a graça de Deus, a fim de brilharmos como fonte de luz nas trevas, visto que, através desse ministério, podemos evangelizar a todos quantos pudermos alcançar!

Todavia, ainda que sejamos "um grão de areia, ou uma gota de água no mar da vida" estamos cumprindo a tarefa suprema de anunciar a mensagem mais importante do mundo: as boas novas do evangelho para herdar a Vida Eterna com Deus.

Em síntese, desenvolvi um método prático de abordagem e evangelismo que pode ser utilizado em qualquer situação, através desta obra chamada "***A prática da Capelania Cristã como nunca visto***", que propicia a capacitação e o bom preparo do visitador ou capelão na realização das suas atividades cotidianas.

O que compartilhamos e fazemos de benefícios na vida é tudo para a glória do Pai Eterno, e contribuição para a expansão do Evangelho de Cristo no mundo! Portanto, é com muito amor que deixo este legado, pelo qual ensino e aponto o caminho. Cabe a cada um segui-lo! Contudo, também te convido a deixar sempre acesa a chama do amor ao próximo, através de constante consagração, oração e leitura bíblica, a fim de estar preparado para enfrentar as batalhas espirituais!

Portanto, é com muita alegria que dedico ao prezado leitor, este livro na forma de motivação e capacitação para ser utilizado na sua atividade cristã, que certamente será valorosa, impactante e vitoriosa!

Concluo pedindo ao meu Deus misericordioso que eu tenha cumprido com excelência esta missão que a mim confiou. E que ajude você a vencer seus desafios, para realizar com primazia o seu ministério cristão!

Que o Deus de toda a graça, que em Cristo Jesus nos chamou para sua eterna Glória, abençoe ricamente a sua caminhada cristã!

Amado leitor! Os nossos corações precisam arder de compaixão e anseio pela Salvação Eterna das pessoas enfermas e vulneráveis!

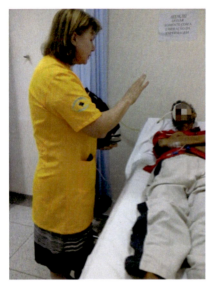

Ministração Cristã no Leito do Enfermo
2018 - Maringá-Paraná.

Ministração Cristã no Ambulatório Hospitalar
2018 - Maringá-Paraná.

Capítulo I

A CAPELANIA CRISTÃ

*A ansiedade no coração deixa o homem abatido,
mas uma boa palavra o alegra.
(Prov. 12:25)*

*Porque estive enfermo, e me visitastes...
(Mateus 25:36)*

1 Definição

A principal missão da Capelania Cristã é demonstrar o magnífico amor de Jesus Cristo, que alivia o sofrimento e proporciona a Salvação Eterna às pessoas. Como também auxilia o trabalho médico na busca da cura física e do bem-estar dos enfermos.

Portanto, é um ministério cristão, interdenominacional, solidário, em geral voluntário, que consiste no apoio espiritual às pessoas enfermas ou em situação de vulnerabilidade, hospitalizadas ou não, bem como aos seus familiares e profissionais de saúde, mediante a ministração da palavra de Deus, sem preconceito de raça, cor, sexo ou religião.

Pode-se afirmar que a Capelania Cristã é uma ação missionária com efeito transformador na vida das pessoas, através de mensagens cristãs evangelísticas. Atua através dos capelães ou visitadores cristãos, nos vários setores da sociedade civil, como: hospitais, ambulatórios, domicílios, escolas, orfanatos, presídios, empresas, velórios e outros.

A prática cotidiana da visitação através da Capelania Cristã é um lindo gesto de misericórdia em que, a exemplo de Cristo, são realizadas visitações aos enfermos, carregadas de profundos sentimentos de amor fraternal!

A visitação tem por finalidade oferecer ao paciente apoio psicológico, emocional e espiritual, através de uma abordagem bíblica, para que ele consiga aguentar com paz e esperança os problemas de saúde ou vulnerabilidade que o afligem! Por conseguinte, a visitação é importante para levar a Igreja para fora das quatro paredes.

Portanto, como alicerce, temos Jesus Cristo, que veio ao mundo para salvar os pecadores, dos quais eu sou o principal (I Timóteo 1:15). Então, se Ele nos salvou, também podemos contribuir, mostrando ao próximo o verdadeiro caminho da vida eterna com Deus!

Por conseguinte, esta *é* a função do capelão ou visitador cristão: proporcionar ao paciente meios que o levem *à* solução dos seus problemas espirituais, para encontrar um novo sentido de vida.

2 Origem da Capelania

A palavra Capelania vem do latim *capella*, que significa "pequena capa". Esse nome foi dado aos serviços religiosos prestados por oficiais treinados e teve sua origem nas Forças Armadas do exército francês em 1776, conforme a seguinte história.

Conta-se que na região da Gália (atual França) o sargento Martinho, nascido no ano de 316, aos 20 anos, numa noite de inverno rigoroso, ao encontrar um homem abandonado na rua debaixo de chuva e frio, cortou sua capa e o cobriu, num ato de solidariedade e amor ao próximo.

Ao morrer, sua capa foi levada como uma relíquia para uma igreja, que a recebeu e ficou conhecida como a "**Igreja da Capa**". Por isso, as derivações: **capela, capelão** e **Capelania**.

No Brasil, o ofício da Capelania teve seu início na área militar em 1858, com o nome de Repartição Eclesiástica (Capelania Católica). Após a Segunda Guerra Mundial, o nome foi mudado para Assistência Religiosa das Forças Armadas. Em 1944, foi criada a Capelania Evangélica, para assegurar a presença de capelães na Força

Expedicionária Brasileira (FEB). Ademais, sabe-se que o capelão militar evangélico Pr. João Filson Soren marcou época, trabalhando exaustivamente durante a Segunda Guerra Mundial.

3 Base legal da Capelania

No Art. 5º., *Caput*, da Constituição Federal de 1988, consta: "todos são iguais perante a lei, sem distinção de raça, sexo ou cor". Então, a lei garante a todos os brasileiros e aos estrangeiros residentes no país a inviolabilidade do direito à vida, à liberdade, à igualdade, à segurança e à propriedade, nos termos dos seus 78 incisos e parágrafos.

Por conseguinte, a Constituição Federal do Brasil garante o direito à assistência religiosa aos cidadãos que estiverem em local de internação coletiva, conforme o Art. 5, inciso VII: "É assegurada nos termos da lei, a prestação de assistência religiosa, na entidade civil e militar de internação coletiva".

A Lei Federal n.º 9.982, de 14/7/2000, prevê no artigo 1º, sobre a assistência religiosa, o seguinte: "Às religiões, de todas as confissões, assegura-se o acesso aos hospitais da rede pública ou privada, para dar atendimento religioso aos internados, desde que, em comum acordo com estes, ou com os familiares, em caso dos doentes que não mais estejam no gozo de suas faculdades mentais".

4 Objetivos da Capelania Cristã

Objetivo geral

A Capelania Cristã tem como principal propósito prestar assistência espiritual através da fé cristã, visando ao consolo e à evangelização, às pessoas que estejam enfermas ou vulneráveis e a seus familiares e/ou profissionais de instituições sociais ou de saúde.

Objetivos específicos

1. Ministrar mensagem que favoreça o equilíbrio da saúde física, espiritual e bem-estar das pessoas, seus familiares e/ou profissionais de instituições sociais ou de saúde;

2. Apresentar a mensagem sobre a fé cristã, através da Bíblia Sagrada, às pessoas e aos seus familiares e/ou profissionais de instituições sociais ou de saúde;

3. Ministrar o Evangelho do Reino de Deus, de forma prática, através da mensagem bíblica, de consolo, perdão, salvação e oração de Confissão de Fé em Cristo, às pessoas e aos seus familiares e/ou profissionais de instituições sociais ou de saúde.

5 Fundamentos

A Capelania Cristã é um ministério conhecido como o "**dom da misericórdia**". É um chamado especial de Deus. Conhecido também como o "**dom do socorro**", identificado no latim como *auxilium*, com significado de "atos de auxílio".

Como exemplo, a parábola do "Bom Samaritano" ilustra bem esse ministério de compaixão pelo ser humano (Lucas 10:25-37).

A Capelania Cristã é um ministério de amor fraternal, conforme vemos em Mateus 25:35-36: "**Estive enfermo e me visitaste...**".

Portanto, a principal função da Capelania Cristã é demonstrar o amor de Deus, através do seu Plano de Redenção, às pessoas enfermas ou não, e ajudá-las no alívio do sofrimento físico, mental e espiritual.

"Na verdade, somos do 'Departamento de Propaganda do Céu', contando as boas notícias, que no céu há um lar para todos aqueles que receberem pela fé a **JESUS**, como Senhor e Salvador. Com a certeza de vivermos um dia com o Senhor, no Céu!" (Eleny Vassão).

6 Normas para a visitação em instituição de saúde

- Nunca visitar se estiver doente;
- Observar e respeitar as normas internas daquela instituição, preestabelecidas;
- O capelão ou visitador cristão deve estar em plena paz com Deus e trabalhar em harmonia com sua equipe e demais profissionais da instituição;
- Dar prioridade ao atendimento médico e da enfermagem;
- Apresentar-se demonstrando simpatia e falar seu nome;
- Não falar sobre o diagnóstico do paciente;
- Dialogar com o paciente o necessário, sem contar histórias tristes ou associação da doença ao pecado;
- Utilizar calçados baixos, fechados e confortáveis;
- Evitar o uso de perfume, cabelos soltos ou joias;
- Não permanecer nos horários de banho ou refeições.

7 A importância da literatura cristã

As literaturas cristãs **são de crucial importância,** como complemento da ministração da mensagem, porque são consideradas o "cartão de visita", ou seja, são verdadeiros instrumentos evangelísticos! Entretanto, é necessário escolher e analisar com antecedência e verificar os conteúdos da literatura cristã e dos folhetos, os quais não devem conter propaganda de instituições religiosas. Todavia, os folhetos devem chamar a atenção do leitor e conter obrigatoriamente a oração de Confissão de Fé em Cristo.

Contudo, a literatura cristã também serve de apoio como uma "segunda oportunidade" para evangelizar alguém. Principalmente naquelas situações em que a pessoa não esteja bem naquele momento para ouvir a mensagem ou mesmo se encontre dormindo.

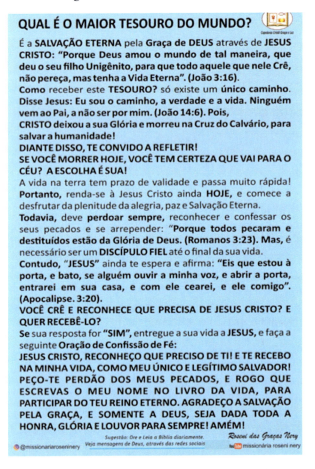

Exemplo de folheto evangelístico, que serve de complemento da mensagem ministrada.

O folheto evangelístico pode ser distribuído antes ou após a ministração da Mensagem Cristã, depende do local onde está sendo realizada a atividade. Portanto, é um excelente complemento do trabalho da Capelania Cristã. Entretanto, observe que o elemento mais importante de um folheto evangelístico é "**o convite para receber Cristo no coração e fazer uma oração compartilhada de Confissão de Fé**".

Em síntese, o folheto ou literatura cristã serve como um precioso componente que complementa a Mensagem Cristã ministrada.

O visitador ou capelão precisa estar ciente de que esse ministério da Capelania Cristã tem como principal propósito apresentar o Evangelho de Cristo a todas as pessoas doentes e vulneráveis que encontrar, bem como aos seus acompanhantes.

Portanto, evangelizar é nossa grande responsabilidade, como muito bem retrata a letra do hino *O valor de uma alma*, de Benedito Felizardo, que nos alerta sobre essa missão, conforme vemos a seguir.

"Irmão, você sabe o valor que tem uma alma?
Nem todos os recursos do mundo poderiam pagar!
O dinheiro, a prata e o ouro do mundo inteiro
É pouco demais para o valor de uma alma poder comparar.

Irmão, o valor de uma alma custou muito caro.
É necessário sentirmos por ela imenso amor!
Zelando, ensinando e orando e às vezes chorando...
Devemos buscar todas as almas que Jesus comprou.

Irmão, quantas vezes tem alma ao teu lado chorando.
Sofrendo, gemendo com o fardo pesado de dor.
Se ela chegar a perecer, você é o culpado.
Tenhas cuidado, porque uma alma tem muito valor!

Irmão, tu te lembras do 'ide' do Mestre amado?
Não foi um pedido, mas ordem que Ele nos deu.
Como podemos ficar com os braços cruzados,
Se Ele de braços abertos por todos morreu? Amém!"

Conclusão

A Capelania Cristã é o ingrediente espiritual que atua através dos diversos setores da sociedade civil. Por conseguinte, os capelães ou visitadores cristãos são pessoas treinadas e especiais que obedecem ao "chamado de Deus" para cumprir essa missão de amor e compaixão pelas pessoas enfermas ou vulneráveis que se encontram fragilizadas. E a literatura cristã é um complemento essencial da mensagem Cristã.

Em síntese, a Capelania Cristã é uma missão suprema de levar as "boas novas do Evangelho" para salvar vidas para a eternidade. Pois, se fui salvo, devo compartilhar esse Tesouro com meu próximo. É como afirma a letra do hino: "Quem eu era, meu Senhor e Rei", do Pr. Sostenes Mendes, que faz uma indagação a Jesus Cristo, assim:

"Quem eu era, meu Senhor e Rei, para merecer o teu olhar?

Como pôde assim na Cruz morrer

Em meu lugar? Era um vaso sem valor, eu sei.

Mas o Teu amor me alcançou.

E em gratidão te dou todo o meu ser"

Porque na verdade o que conta mesmo na caminhada terrena e está em evidência é a Eternidade: Vida ou Morte! Céu ou Inferno!

Meu Deus de infinita misericórdia seja louvado para sempre! Amém!

Capítulo II

OS CONCEITOS BÁSICOS DA CAPELANIA CRISTÃ

O temor do Senhor é o princípio da sabedoria
(Salmos 111:10)

Jesus Cristo é a graça salvadora de Deus para a humanidade!
(Roseni das Graças Nery).

1 Introdução

Neste capítulo, apresento os principais fundamentos da Doutrina do Cristianismo, professada pelos cristãos em todo o mundo, bem como alguns conceitos básicos de saúde, para que o capelão ou visitador cristão tenha acesso e reflita sobre estas importantes questões.

Desse modo, a peculiaridade e a individualidade religiosa de cada capelão ou visitador cristão nunca poderá entrar em conflito com o que é doutrinariamente aceito por todos os cristãos, com base nos fundamentos bíblicos, e com a mesma Confissão de Fé em Jesus Cristo.

2 Conceitos gerais

Diferença entre Religião e Espiritualidade

Religião ou religiosidade e espiritualidade estão relacionadas, entretanto não são sinônimos, como segue:

I – Religião

Vem do latim (*religio, onis*); é um conjunto de sistemas culturais e de crenças, além de visões de mundo, que estabelecem os símbolos que relacionam a humanidade com a espiritualidade e seus próprios valores morais.

II – Espiritualidade

Pode ser definida como: a busca do ser humano por um significado sobre a vida, por meio de conceitos que transcendem o palpável, isto é, vão à procura de um sentido de conexão com algo superior a si próprio.

Entretanto, a diferença está no modo de se relacionar com Deus. No caso da religião, para conduzir a oração, usam-se ritos e costumes. E na espiritualidade, a oração a Deus é feita de forma simples, apenas através de sentimentos, atitudes e demonstração da fé.

3 A história do Cristianismo

É muito importante o capelão conhecer sua própria história de fé! Como o Cristianismo começou? E o que aconteceu até os dias atuais?

Todavia, a história do Cristianismo é muito longa, razão pela qual apresento uma síntese de alguns aspectos relevantes que surgiram no transcorrer dos séculos.

De acordo com as profecias bíblicas do Velho Testamento, o Cristianismo surgiu na plenitude dos tempos através do **Messias Jesus Cristo**, que veio à Terra para cumprir o Plano de Redenção que o Deus Pai lhe confiou: salvar a humanidade, à qual chamou para herdar a vida eterna cheia da glória celestial.

Desse modo, segundo as Escrituras, Jesus Cristo foi concebido pelo poder do Espírito Santo e nasceu de uma Virgem, chamada Maria, em Belém da Judeia. Quando criança, foi levado e escondido no Egito, sob pena de ser morto pelo Rei Herodes, o Grande.

Jesus Cristo iniciou seu ministério aos 30 anos de idade, quando foi batizado no rio Jordão, pelo profeta João Batista, seu precursor. No momento do batismo, o Céu se abriu e viu-se o Espírito de Deus descendo como pomba e pousando sobre ele. Então, ouviu-se uma voz do Céu que disse: "Este é o meu filho amado em quem me comprazo". Naquele instante, Jesus foi revestido de poder para começar sua missão na Terra.

Posteriormente, foi conduzido pelo Espírito ao deserto, para ser tentado pelo diabo. Tendo jejuado quarenta dias e quarenta noites, teve fome. E por três vezes o diabo investiu sobre ele para derrubá-lo. Mas Jesus o venceu, usando sempre a palavra de Deus como espada.

Após, seguiu para a Galileia, na cidade de Nazaré e, cheio do Espírito Santo, entrou numa sinagoga, tomou o rolo do livro de Isaías e leu: "O Espírito do Senhor é sobre mim, porque Ele me ungiu para evangelizar os pobres... e proclamar o ano aceitável do Senhor" (Lucas 4:18-19). Ao terminar, afirmou que naquele momento essa profecia estava se cumprindo, através da sua vida. Todavia, o povo presente naquela reunião na Sinagoga, não concordaram e o expulsaram. E perseguiram-no, para matá-lo.

Assim, mesmo sendo injustiçado por muitos ele deixou seu exemplo de vida, sempre fazendo o bem; ensinou o Evangelho, realizou milagres extraordinários, curou enfermos, libertou pessoas oprimidas pelo maligno e até mesmo ressuscitou mortos.

Para cumprir sua missão, Cristo sofreu a humilhação da cruz, carregando no madeiro todos os pecados da humanidade. Foi morto e sepultado, mas ao terceiro dia ressuscitou em glória, para a justificação de todos os cristãos. Aleluia!

Jesus instruiu e capacitou seus discípulos para dar continuidade ao seu ministério, entregando-lhes uma missão especial: "Ide por todo o mundo, pregai o Evangelho a toda criatura. Quem crer e for batizado será salvo; mas quem não crer será condenado". Antes de subir aos Céus, os orientou para que permanecessem em Jerusalém, aguardando as promessas do Pai, até que fossem revestidos do poder de Deus, e foi assim que sucedeu.

O início do Cristianismo foi na Palestina, onde depois do Pentecostes os cristãos primitivos se reuniam em pequenos grupos, nas casas. Como resultado, a Igreja teve um enorme crescimento e expansão, tendo o Evangelho se espalhado além das fronteiras de Israel.

Entretanto, infelizmente, no decorrer dos séculos, surgiram muitas intercorrências, como: numerosos conflitos religiosos, ideológicos, políticos, controvérsias, separações, perseguições, prisões, que resultaram em milhares de mártires cristãos mortos.

Apesar de tudo, no decorrer do tempo, Deus nunca abandonou seu povo, pois sempre capacitava homens piedosos e fervorosos na fé para ajudar, como: o apóstolo Paulo, no século I, que muito contribuiu com seus escritos. No século III, Constantino, imperador romano, através do Edito de Milão, decretou o Cristianismo como religião oficial do Estado. E, apesar dos conflitos, a Igreja deixou de ser perseguida por longo tempo.

No transcorrer dos anos surgiram muitos homens que colaboraram com a fé cristã. Porém, no século XVI, surgiu o pai da Reforma Protestante, o monge Agostiniano Martinho Lutero e outros reformadores como: João Calvino, Ulrico Zuinglio, John Knox e outros mais.

Em síntese, a Igreja de Jesus Cristo é Universal, formada por todos os cristãos, que se encontram entre todos os povos e nações da Terra, e professam sua fé cristã (João 3:16; Atos 11:26). Desse modo, os cristãos creem que Jesus Cristo é o filho do verdadeiro Deus, de Abraão, de Isaque e de Jacó. Ele é o "Messias", prometido, conforme as profecias bíblicas, ao povo de Israel, porque veio ao mundo para cumprir "O Plano de Redenção de Deus", o qual, por amor à humanidade, decidiu reconciliá-la consigo mesmo, a fim de salvá-la da perdição eterna, devido ao pecado. Para isso, enviou Jesus Cristo à Terra, o qual assumiu a culpa do pecado da humanidade, através do seu sacrifício vicário na Cruz, morte e ressurreição. Portanto, no atual século XXI, o Cristianismo continua se expandindo muito! Já se tornou uma das maiores religiões da face da Terra! Glória a Deus! Aleluia!

4 Conceitos bíblicos

I – A Bíblia

Os cristãos creem que a Bíblia é Sagrada, palavra de Deus infalível, e autoridade absoluta em matéria de fé e prática. A Bíblia Evangélica é composta por 66 livros, contendo 39 livros do Antigo Testamento e 27 livros do Novo Testamento. Os cristãos acreditam que a Bíblia foi totalmente inspirada pelo Espírito Santo, e escrita para que o "Pai Eterno" seja conhecido e revelado ao seu povo, através de seu filho Jesus Cristo (João 17:3).

II – Deus

Os cristãos creem na existência de somente um Único e Verdadeiro Deus, eterno, imutável e Criador do universo, Onipresente, Onipotente e Onisciente.

III – O Pai

É o mesmo Deus do povo de Israel, que se declarou como Pai Eterno, de Abraão, de Isaque e de Jacó (Isaías 64:8; Mateus 6:9; João 1:12).

IV – O Filho

É o filho de Deus, divino, verdadeiro Deus e verdadeiro homem. Gerado pelo Espírito Santo, nasceu da Virgem Maria, viveu na Terra e realizou milagres, suportou a morte vicária e ressuscitou. Ascendeu aos Céus e encontra-se à destra do Pai Celestial. Ele é o único intermediário entre Deus e os homens para receber a Salvação Eterna. Jesus Cristo prometeu a vida eterna a todos que o recebem pela fé como seu único e suficiente Salvador pessoal. E um dia voltará com poder e glória para julgar o mundo e viver com os seus escolhidos para sempre (Lucas 21:27; I Coríntios 3:11).

V – O Espírito Santo

O Espírito Santo inspirou os homens que escreveram a Bíblia. É Ele que convence o homem do pecado, da justiça e do Juízo (João 16:7-11).

VI – A Salvação

A **Salvação Eterna** é dada através da graça de Deus, mediante a fé aos homens que, arrependidos dos seus pecados, confessam Jesus Cristo como seu Senhor e Salvador pessoal. "Disse-lhe Jesus: Eu sou o caminho, e a verdade e a Vida; ninguém vem ao Pai, senão por mim". A Salvação Eterna é individual, santificada pelo Espírito Santo, que convence o homem do pecado, da justiça e do Juízo (João 14:6; João 16:7-11; Efésios 2:8-9; Rom.10:9).

VII – A ceia do Senhor

A Ceia é uma celebração memorial da Igreja, com a presença de "pão e vinho", na comunhão entre os cristãos. Portanto, o pão representa o corpo de Jesus Cristo e o vinho, seu sangue. Jesus a instituiu através da "**última ceia**", **com seus apóstolos**, afirmando ser a nova aliança, a fim de recordar sua morte sacrificial, remissão dos pecados e sua ressurreição, bem como a promessa da sua Volta triunfal à Terra, que um dia ocorrerá (Lucas 22:17-20).

VIII – Ressurreição e Juízo de Deus

Com base na interpretação da Bíblia Sagrada, os cristãos creem que haverá a ressurreição dos mortos e o Juízo vindouro, no qual cada pessoa comparecerá diante do Trono de Deus. Como também há esperança de que todos os que creem em Jesus Cristo como seu Senhor e Salvador pessoal terão uma vida eterna gloriosa. Conforme lemos: "E os que fizeram o bem, sairão para a ressurreição da vida; e os que fizeram o mal, para a ressurreição da condenação" (João 5:29).

5 A importância da Oração

A **Oração** é sem dúvida um dos principais ministérios desenvolvidos pela Igreja Cristã na Terra. Ela é o fator de bênção na vida de todos os cristãos. Jesus Cristo deu o exemplo. Ele se dedicou à oração e ensinou seus discípulos a orarem, como vemos: "Peçam e será dado, busquem e encontrarão, batam e a porta será aberta...". (Mateus 7:7-12). Como também ensinou como orar: "Pai nosso que estás nos Céus...". (Mateus 6:9-13).

Portanto, o Espírito Santo nos ajuda na oração, como vemos em Rom. 8:26-27: "[...] mas o Espírito intercede por nós com gemidos inexprimíveis". E as orações sobem até Deus como incenso, como vemos em Ap. 8:3: "[...] e foi-lhe dado muito incenso para oferecê-lo com as orações de todos os Santos, sobre o altar de ouro que se acha diante do Trono".

Por conseguinte, Deus responde às orações sinceras:

Imediatamente: "E acontecerá que, antes de clamarem eles, eu responderei..." (Is. 65:24);

Após certa demora: "E não fará Deus justiça aos seus escolhidos, que clamam a Ele..." (Lc. 18:7);

Diferente de nossos desejos: "Acerca do qual três vezes orei ao Senhor..." (2 Cor. 12:8-9).

Em resumo, a cura de uma enfermidade é uma decisão soberana de Deus! Por conseguinte, a cura sobrenatural é graça especial de Deus. E quando ocorre devemos recebê-la com um coração muito grato. Porém, se não ocorrer, devemos compreender da mesma forma, tendo em vista que é o Pai Eterno e Soberano que sabe o que é melhor para a vida de cada pessoa na Terra.

6 As três importantes ações da mensagem (ouvir, crer e confessar)

- **Primeira: Ouvir** — "Como consequência, a fé vem pelo ouvir, e ouvir a palavra de Deus" (Romanos 10:17);

- **Segunda: Crer** — "Porque Deus amou o mundo de tal maneira que..." (João 3:16);
- **Terceira: Confessar** — "Se você confessar com a sua boca que Jesus é Senhor..." (Romanos 10:9-13).

Em síntese, o principal propósito da Capelania Cristã é alcançar todos os ouvintes com uma mensagem de amor, fé, perdão e Salvação Eterna.

7 Versículos úteis para serem aplicados no trabalho da Capelania Cristã

Versículos sobre evangelismo: Lc. 10:25-37; Mt. 9:35-38; Sl. 35:13; Mt. 25:31-46;

Versículos sobre a Salvação da alma: Jo. 1:12; Jo. 3:16; Jo. 3:7; Jo. 14:6; At. 16:31; Rm. 10:9-10; Rm. 3:23-26; 1 João 1:9; Efésios 2:8;

Versículos sobre Cura Divina:

Em nome de Jesus Cristo: At. 3:6; 4:29-30;

Pela fé do enfermo: Mc. 5:28-29; Lc. 7:50;

Pela fé de outrem: Lc. 5:19-20; Tg. 5:16;

Pela imposição de mãos: Mt. 8:3; Mc. 6:5; 16:18; Lc. 4:40;

Por meio de uma declaração: Mt. 8:3; Lc. 4:39; 5:24.

8 Evangelização através da Capelania Cristã

A Igreja de Cristo na Terra tem a responsabilidade e a missão de levar ao povo o Evangelho Cristão e genuíno. Por conseguinte, a evangelização é a essência da Capelania Cristã.

Entretanto, o capelão ou visitator cristão precisa tomar muito cuidado e respeitar a crença e entendimento de cada pessoa enferma ou em estado de vulnerabilidade; e nunca contestar sua crença, religião ou "doutrinas humanas". Apenas apresente a palavra de Deus e explique. Até porque quem convence as pessoas do pecado, da justiça e do Juízo é o Espírito Santo! Conforme (João 16:7-16). Por isso, é preciso um bom preparo, sensibilidade e sabedoria para ministrar a Mensagem Cristã completa.

E assim apresentar o Salvador da humanidade, com ousadia no Espírito Santo. Sempre esclarecendo que Jesus Cristo é o único caminho para a Salvação Eterna. Para isso, é necessário recebê-lo em seu coração, através da fé, como seu único Salvador pessoal e Senhor.

Portanto, é muito sério! É preciso nunca desperdiçar as oportunidades de evangelizar, visto que poderão ser os "últimos momentos de vida" para aquela pessoa compreender e ter acesso à Salvação Eterna com Deus.

Em suma, o capelão ou visitador cristão deve apresentar ao ouvinte a mensagem completa de consolo, perdão e salvação. E convidá-lo a fazer a oração compartilhada de Confissão de Fé em Cristo! (o exemplo dessa oração encontra-se no capítulo IV)

9 Conceitos básicos sobre a medicina

a. Saúde

A palavra "saúde" vem do latim *salus*, que quer dizer bom estado físico, relacionado a *salvus*, ou "salvo".

A Organização Mundial da Saúde (OMS) define: "Saúde é um estado de completo bem-estar físico, mental e social, e não simplesmente a ausência de doença ou enfermidade" (Ministério da Saúde, 1990).

b. Doença

O vocábulo é de origem latina, *dolentia* significa "dor", "padecimento". É um conjunto de sinais e sintomas específicos que afetam um ser vivo, alterando seu estado normal de saúde (OMS).

c. Hospital

Define-se hospital como sendo uma parte integrante de uma organização médica e social que oferece à população assistência médica integral, curativa e preventiva, cujo atendimento pode ser estendido ao domicílio do paciente, quando for necessário.

d. Paciente

A palavra "paciente" vem do latim *patiente*. É uma pessoa que se encontra enferma, e está sob cuidados médicos. A dor física pode levá-la a sentir-se confusa e de mau humor.

Conclusão

Todo cristão crê no poder de Deus e Nele deposita sua absoluta confiança! Por isso, a missão do capelão ou visitador cristão é de extrema responsabilidade perante Deus, que tem como preciosidade a vida dos seres humanos!

Assim, a finalidade deste capítulo foi preparar bem os cristãos para esse ministério, tendo em vista a importância de compreender os fundamentos do Cristianismo e os conceitos básicos de medicina que envolvem a Capelania Cristã.

Portanto, é um importante suporte de conhecimento que ajudará a proporcionar às pessoas alívio emocional e espiritual, que refletirá positivamente no tratamento médico também. Porém, você nunca se esqueça do grande valor de uma alma! E do compromisso com o "ide" de Jesus.

Em síntese, a Capelania Cristã deve ser um ato de amor expressivo, e de cunho transformador para todos que dela se beneficiam. Aleluia!

Capítulo III

O CAPELÃO CRISTÃO

Vocês, porém, são geração eleita, sacerdócio real, nação santa, povo exclusivo de Deus...
(I Pedro 2:9)

Pois te restaurarei a saúde e te sararei as feridas, diz o Senhor.
(Jeremias 30:17)

1 Introdução

O capelão cristão é visto como uma pessoa espiritual, cheio de amor fraternal e testemunha de Jesus Cristo. Ademais, ele é visto como o instrumento de Deus que leva o apoio espiritual às pessoas. Por isso, o Senhor o capacita para exercer sua missão com muita competência e responsabilidade. O amor de Deus é tão magnífico, que nos constrange a seguir seus passos. E como resultado temos este glorioso e gratificante trabalho que é: anunciar a Salvação Eterna em Jesus Cristo às pessoas enfermas e em situação de vulnerabilidade e a seus familiares também.

2 Definição

O termo "capelão" deriva do francês *chapelain*; é um ministro religioso, apto a prestar assistência espiritual em várias instituições, como: hospitais, ambulatórios, asilos, domicílios, orfanatos, escolas, presídios, velórios e outras. Como também pode realizar cerimônias religiosas.

Portanto, o capelão ou visitador cristão em geral é um padre, pastor ou missionário ou, em casos especiais, um leigo, capacitado por meio de curso e treinamento em Capelania Cristã, com experiência na área, que seja aprovado e credenciado pela sua denominação e aceito pela direção da instituição na qual vai atuar.

Trata-se de uma pessoa preparada e amparada por lei, remunerada ou voluntária, para dar o atendimento religioso ao cidadão que dele possa necessitar, para fortalecer, consolar, acompanhar, aconselhar e interceder pelas pessoas em seus momentos difíceis.

3 A vida espiritual do capelão

O capelão deve gozar de boa saúde física e espiritual, visto que são requisitos básicos para exercer esse trabalho. Entretanto, se estiver enfrentando alguma enfermidade, deverá primeiro fazer o devido tratamento de saúde.

Contudo, o capelão ou visitador cristão precisa ter uma vida de oração, jejum, estudo bíblico e muito amor ao próximo. Portanto, é preciso considerar que a vida cristã é um processo de crescimento que começa com o nascimento espiritual, através da **fé em Cristo**, amadurece e vai completar-se na eternidade.

Assim, todo cristão, antes de exercer o trabalho de Capelania Cristã, deve refletir e fazer uma autoanálise da sua vida, respondendo a si mesmo às seguintes perguntas:

- Como me encontro?
- Eu já nasci de novo em Jesus Cristo?
- Tenho me esforçado para ser um bom cristão?

4 A motivação para ser capelão ou visitador cristão

Antes de iniciar as atividades, é importante fazer uma reflexão sobre a motivação que o levou a essa escolha, interrogando a si mesmo com perguntas como:

- Foi por desejo evangelístico?
- É sentimento de culpa, para servir de compensação?
- Sente o chamado de Deus para essa missão?
- São outras motivações ocultas?

5 O perfil do capelão

a) Deve ter uma experiência pessoal de conversão

É necessário ter um testemunho de vida impactante sobre como Jesus transformou a sua caminhada cristã, para servir de inspiração para outros cristãos.

b) Deve ter a convicção do chamado para o ministério

Precisa ter a alegria e disposição em exercitar o "dom da misericórdia", bem como a unção de Deus sobre sua vida. Disse Jesus: "Não me escolhestes vós a mim, mas eu vos escolhi a vós..." (João 15:16).

c) Deve ser dedicado à oração e ao estudo da Bíblia

São ferramentas essenciais para o bom êxito nessa missão tão importante e significativa para o Reino Eterno. Conforme vemos: "Então, conheçamos e prossigamos em conhecer ao Senhor..." (Oseias 6:3). Por conseguinte, é necessário receber orientação espiritual de alguém de sua confiança, devido à grande carga emocional que poderá absorver no decurso das atividades.

d) Deve ter bom preparo emocional e espiritual

Isso porque poderá encontrar situações atípicas e inesperadas, como: pacientes em óbito, em estado grave ou em fase terminal, ou familiares em pânico e outros.

A seguir, alguns exemplos bíblicos de problemas enfrentados por Jesus Cristo e seus discípulos:

- Jesus cura os 10 leprosos (Lucas 17:11-19);
- Jesus ressuscita único filho de uma viúva de Naim (Lucas 7:11-17);
- A missão dos 70 discípulos enviados por Jesus para evangelizar (Lucas 10:17-24).

e) Deve ter disciplina e autocontrole de suas emoções

Portanto, mesmo sendo um trabalho voluntário, requer disponibilidade de tempo e sério compromisso com Deus!

O capelão poderá encontrar pacientes com diversos tipos de doenças, mesmo assim, deve continuar falando calmamente, sem deixar transparecer suas emoções.

f) Deve ser atencioso, bom ouvinte e amável

Ter um profundo amor pelas almas. Saber ouvir, evangelizar e evitar intimidades, a fim de conseguir atrair as pessoas para a Salvação Eterna. Porque a personalidade cristã deve ser um reflexo da personalidade de Cristo. "Tomai sobre vós o meu jugo..." (Mateus 11:29).

g) Deve sempre demonstrar sensibilidade e humildade

Observar sempre o ambiente, sentindo quando é o momento mais oportuno para intervir. E também, deve ser uma pessoa humilde.

E nunca discriminar nenhum ser humano. "E Jesus disse-lhe: Amarás ao Senhor..." (Mateus 22:37-40).

h) Deve ter bom humor e habilidade para se comunicar

Para que o Espírito Santo trabalhe através daquele conhecimento, para que vidas sejam regeneradas e salvas por Cristo, é necessário ser espontâneo e comunicador, a fim de transmitir as "boas novas". Porém, as palavras do Evangelho precisam ser aprendidas e compreendidas antes de serem transmitidas.

6 O limite do envolvimento no ministério

O capelão deve tomar muito cuidado para não se envolver emocionalmente, a fim de não adoecer e precisar desistir da sua missão. Exemplo: ficar chocado ao ver uma criança enferma. Ou chorar ao vivenciar uma situação triste.

Por isso, Jesus nos deixou seu exemplo. Ele exercia sua missão com sabedoria e nunca deixava de se comunicar com o Pai através da oração. Veja o exemplo a seguir:

Oração de Jesus ao Pai: "Eu os fiz conhecer o teu nome e continuarei a fazê-lo, a fim de que o amor que tens por mim esteja neles, e eu neles esteja" (João 17:26).

7 Fatores que dificultam a evangelização

- **Preconceitos**: queremos que o outro creia e se comporte conforme os nossos hábitos, costumes e padrões;

- **Ansiedade**: quando a ênfase está na nossa própria ansiedade; esquecer de se colocar no lugar do outro;

- **Defesas pessoais**: ter paciência quando o outro agride sua crença ou a Deus. E cuidar para não abandonar a missão de evangelizar aquela pessoa.

8 Como ser um bom ouvinte

- Demonstrar interesse pela situação e nunca interromper a fala da pessoa em atendimento;

- Não desviar o olhar e não olhar no relógio;

- Fazer perguntas apropriadas, animando-o a continuar com o tratamento médico;

- Nunca discordar, deixe que ele se sinta à vontade e fale a respeito do seu problema.

Conclusão

Ser capelão ou visitador cristão é ter o privilégio de Deus, que lhe confiou a missão mais especial desta vida: apresentar o Evangelho às pessoas enfermas e vulneráveis, levando-lhes o conhecimento da verdade que salva, cura e liberta, a fim de contribuir para a expansão do Reino Celestial.

Por conseguinte, é um trabalho gratificante, que proporciona saúde física e alegria à vida! Conforme lemos: "A alegria do coração é um contínuo banquete" (Prov. 15:15). Isso significa que, apesar das circunstâncias e aflições, o coração do cristão estará sempre em paz, confiante em Deus, alegre e feliz! Por isso, não deve medir esforços para obedecer ao "ide" de Jesus, que não fez um pedido, mas deixou uma ordem! E disse Jesus: "Ide por todo o mundo, pregai o evangelho a toda criatura..." (Mc. 16:15).

Então, pode-se afirmar que o capelão ou visitador cristão é uma raridade do Senhor! Ele é a Bíblia que o mundo lê! Mas, sobretudo, é o instrumento de Deus que "leva o remédio" para o enfermo, a fim de ajudar na cicatrização das feridas do corpo e da alma, através da luz de Cristo, que dissipa as trevas! Amém!

Capítulo IV

O ENSINO PRÁTICO DA CAPELANIA CRISTÃ

> E Jesus disse-lhes: "Ide por todo o mundo, pregai o evangelho a toda criatura, quem crer e for batizado será salvo; mas quem não crer será condenado".
> (Marcos 16:15-16).

> "Nenhum milagre é mais importante do que a Salvação eterna do ser humano".
> (Roseni das Graças Nery).

1 Introdução

O trabalho da Capelania Cristã, é uma missão que consiste em prestar assistência através de apoio espiritual, a todas as pessoas que necessitarem da sua intervenção, em especial pessoas doentes e vulneráveis.

Amado Capelão e visitador Cristão, somos embaixadores de Cristo para cumprir essa grande missão, que foi negada aos anjos, mas confiada a nós!

Todavia, esse ministério, é um privilégio supremo para poucos! Pois, todos são chamados, mas poucos escolhidos! E você é um deles! Aleluia!

Entretanto, a vida terrena tem prazo de validade, e passa rápida como um sopro. Contudo, ao você semear "as Boas novas do Evangelho", e conduzir às pessoas para herdar a salvação eterna nos céus, com certeza, cumprirá, "o Ide" de Cristo. E essa compaixão pela vida das pessoas, tem um valor inestimável na eternidade. Porque significa, levar a verdadeira felicidade ao seu próximo!

Porém, é um trabalho de grande responsabilidade! É como a canção de um hino, que faz a seguinte indagação: "Irmão, você sabe o valor que tem uma alma?" Pois, o valor de uma alma é imensurável, não tem riqueza no mundo que pague, porque ela vale "o mundo inteiro"!

Diante disso, te convido para fazermos juntos, esta fantástica viagem, para procurarmos "as pérolas", e semearmos, "as Boas novas do Evangelho de Cristo", aos quatro cantos da Terra; em especial para àquelas pessoas enfermas e/ou em situações de vulnerabilidade! Então, vamos juntos?

2 Ensinamento prático da evangelização pela capelania

Amado Capelão e visitador cristão!

Quero motivá-lo a fazer o seu trabalho com excelência e lembrá-lo de que o nosso dever e responsabilidade, sempre que for possível e estiver ao nosso alcance, É EVANGELIZAR sem hesitar e com ousadia no Espírito Santo!

Como também é preciso aprender, motivar e repassar o seu conhecimento e experiência adquirida na Capelania Cristã! Pois é necessário que sejamos os Capelães e visitadores Cristãos multiplicadores desse trabalho, para que mais vidas sejam alcançadas e salvas para o Reino eterno de Deus!

Visto que Jesus Cristo, não nos fez um pedido, mas nos deu uma ordem!

Por isso, esforça-te para ganhar almas para o Reino eterno e ajude o seu irmão na fé a fazê-lo também! Amém!

Pois, o evangelho de Jesus Cristo é muito simples. Contudo, é necessário ter um bom conhecimento, em especial a respeito do "Plano de Redenção de Deus, para a salvação eterna das pessoas", tendo em vista que é a base para a realização de todas as atividades da Capelania Cristã!

Por isso, vamos estudar a seguir essa questão tão importante!

Neste contexto, a Bíblia relata que Jesus Cristo veio à Terra, para cumprir a missão salvadora, determinada pelo Pai Celestial. Todavia, Ele sofreu muito naquela rude Cruz de madeira, na qual nos fez participantes da Sua Morte e Ressurreição; em cujo ato, aniquilou a natureza Adâmica e decaída, com que nascemos, dando-nos da Sua própria Natureza Divina. Glória a Deus!

Contudo, Jesus Cristo é o único intermediário entre Deus e os homens. Ele disse: "Eu sou o caminho, a Verdade e a Vida. Ninguém vem ao Pai, a não ser por mim" (João 14:6).

Portanto, todo o ser humano é salvo somente pela graça de Deus, por meio da fé em Jesus Cristo. E nunca pelas obras praticadas, para que ninguém se glorie nelas.

A Bíblia relata que Jesus Cristo, ao iniciar a sua vida pública anunciou:

"O tempo está cumprido, e o Reino de Deus está próximo. Arrependei-vos e crede no evangelho" (Marcos 1:15).

Por essa razão, todas as pessoas sinceras de coração, que entregam sua vida a Jesus Cristo e o declaram como o seu único, legítimo e suficiente Salvador e Senhor têm a experiência do novo nascimento, conforme Jesus disse a Nicodemos: "Em verdade, em verdade te digo que se alguém não nascer de novo, não pode ver o reino de Deus" (João 3:3).

Contudo, ainda nesta vida, a pessoa passa pelo processo da santificação, que significa: ser discípulo de Jesus Cristo e andar diariamente com ele, na revelação do Espírito Santo, a fim de ficar cada vez mais parecido como filho de Deus, conforme está escrito: "Mas a todos quantos o receberam, deu-lhes o poder de serem feitos filhos de Deus, aos que creem no seu nome" (João 1:12).

Portanto, isto é simplesmente incrível! Porque Cristo fez o que não poderíamos fazer, para que pudéssemos nos tornar o que não ousamos imaginar: Cidadãos eternos de Deus, nos céus! Aleluia!

No entanto, a salvação eterna é uma escolha individual de cada pessoa, que deve ser perseverante até o final da sua existência terrena. Conforme vemos: "Se fiel até a morte e dar-te-ei a coroa da vida" (Apocalipse 2:10).

Em suma, o Reino de Deus está próximo! Por isso, precisamos, com a maior urgência possível, anunciar "as Boas novas do evangelho", enquanto há tempo, a todos quanto pudermos alcançar! Amém!

3 Orientações práticas para a visitação hospitalar

a. QUARTOS E ENFERMARIAS

Em primeiro lugar, o Capelão ou Visitador Cristão deve se preparar em casa, com jejum, oração e estudo bíblico;

- Deve comparecer de jaleco, para a respectiva identificação;

- Levar sempre uma Bíblia de bolso e com escolha de versículos curtos e mais apropriados para aquela ocasião;

- Antes de iniciar o trabalho, a equipe deve se reunir e fazer oração em prol das atividades da Capelania Cristã a serem realizadas;

- Quando a visita for em um quarto individual, devem entrar apenas duas pessoas (enquanto um fala, o outro intercede em oração silenciosa, invertendo a ordem no próximo local);

- Cronometrar a permanência de dez minutos no máximo, em cada local;

- Ao se aproximar do quarto ou enfermaria, bata na porta, observe o ambiente, se identifique e peça permissão para entrar e ministrar a palavra de Deus;

- Apresente-se com simpatia, otimismo, voz firme e baixa;

- E para evitar contágios, não abrace, não beije e não estenda a mão para cumprimentar o paciente, salvo se ele tomar a iniciativa;

- Demonstre interesse e pergunte para cada paciente/ou familiar, somente o primeiro nome. E nunca tente adivinhar quem é o seu acompanhante;

- Se coloque em boa posição, peça permissão para desligar ou baixar o volume da TV ou mesmo se for um celular;

- Antes da ministração da mensagem, peça permissão aos presentes, para juntos fazerem uma oração inicial. Porém, se houver muitas pessoas dê preferência a oração do "Pai nosso";

- A seguir, leia a Bíblia Sagrada. Porém, a mensagem deve ser curta e objetiva, contendo sempre: Consolo, Perdão, Salvação eterna e convite para Confissão de Fé;

- Contudo, ao ministrar nos quartos ou enfermarias, deverá sempre priorizar o trabalho médico ou da enfermagem, se retirando e retornando posteriormente;

- Observe, quando possível, os pertences pessoais do paciente e valorize a sua atitude. Exemplo: sejam livros, fotos ou trabalhos manuais.

- Estabeleça uma conversa amigável e tenha cuidado com as expressões corporais, de espanto, medo, nojo e outras (porque o paciente analisa a sua atitude e percebe tudo);

- Nunca perguntar como está, apenas cumprimente-o, e evite falar de si mesmo;

- Deixe o paciente se expressar e abrir o coração;

- Não cochiche com outras pessoas no quarto;

- Cuidado com ilustrações, testemunhos, evite falar: sobre morte, pecado, culpa, inferno e outros assuntos polêmicos;

- Procure conhecer o paciente, fazendo perguntas assim: "Como tem sido seu dia? Tem conseguido se alimentar bem, dormir?";

- Caso esteja em silêncio e deprimido, pergunte-lhe: como poderá ajudá-lo?;

- Deixe o paciente falar e identifique os seus problemas, sem comentar com ele;

- Dê atenção também aos seus familiares e, se algo tiver ao seu alcance, para ajudá-lo, faça-o. Exemplo: fazer contatos, enviar uma mensagem, telefonar, orar e outras atitudes cristãs, sem tumultuar as atividades do local ou da Capelania;

- Seja sensível e não se constranja, com o mau humor do paciente;

- No final da mensagem, convide-o para fazer a entrega da sua vida a Jesus Cristo e a oração compartilhada de Confissão de Fé e finalize com uma oração curta e objetiva;

- Ao término, ofereça a literatura evangelística e fale da importância de repassar o material ao seu próximo, para também ser canal de benção e semear a palavra de Deus;

- Cuidado na escolha da literatura; ofereça, sempre que possível, Bíblias, livros cristãos ou folhetos evangelísticos, que contenham a oração de Confissão de Fé em Cristo, para complementar com eficiência a atividade da Capelania cristã;

- Ao sair, agradeça todos os participantes com simpatia e amor fraternal.

b. UNIDADE DE ISOLAMENTO

É um local solitário, onde o paciente fica afastado de seus familiares, devido à gravidade da sua enfermidade;

- Portanto, se informe antes de visitar: porque é preciso tomar muito cuidado, para não levar contaminação ao paciente ou mesmo se contaminar;

- Antes, de entrar consiga a autorização e informações sobre a situação de saúde do paciente;

- Use a roupa adequada (avental, máscara etc.), o que for necessário;

- Identifique as condições do paciente, mantenha certa distância e cronometre o seu tempo, para cinco minutos, fazendo visitas breves e objetivas;

- Deixe o paciente chorar e seja empático;

- Ofereça ajuda se necessário, e se estiver ao seu alcance: ex. enviar mensagem, fazer contato telefônico e outras iniciativas que se sejam úteis.

c. UNIDADE DE TERAPIA INTENSIVA (UTI)

Essa é uma área hospitalar, reservada para internamento de pacientes com maior risco de morte. Portanto, há hospitais que exigem tempo bem restrito de visitação, no máximo três minutos, e o uso de roupas adequadas, lavagem das mãos etc.

É um atendimento muito delicado, porque em geral os pacientes encontram-se em estado grave. Todavia, alguns pacientes sentem-se muito isolados e com medo da morte, visto que estão afastados do mundo exterior e da sua família.

E outros, dependendo da situação, infelizmente passam a interagir somente através de aparelhos hospitalares.

- Caso seja uma visita específica, antes da visitação, consiga autorização e informações sobre o estado de saúde do paciente;

- Procure não se encostar no leito e fale baixo do amor de Deus e que "Jesus o ama", mesmo que tenha a necessidade de sussurrar, ao seu ouvido;

- Se o paciente estiver em coma, tome a iniciativa e recite ao seu ouvido versículos bíblicos escolhidos curtos e objetivos, como João 3:16; 5:24, Salmo 23 e outros de sua preferência e procure recitar o texto devagar, baixinho e de cor;

- Ore baixo e principalmente (se for possível) convide o paciente para fazer com você a oração compartilhada de Confissão de Fé, em Jesus Cristo;

- Não chore e jamais prometa a cura ao orar;

- No final, demonstre empatia e agradeça a atenção de todos.

d. AMBULATÓRIOS E SALAS DE ESPERA

- Observe o ambiente geral, seja sensível; se apresente aos funcionários e pacientes.

- O trabalho deve ocorrer no máximo em 20 minutos, em cada local;

- A presença no máximo de 4 capelães (enquanto um fala os demais intercedem em oração) e as atividades devem ser divididas anteriormente entre o grupo;

- Ao se apresentar, fale em tom normal, cumprimente todos os participantes juntamente com a sua equipe e cite somente o primeiro nome de cada integrante do grupo;

- Antes da ministração da mensagem, é bom distribuir a literatura evangelística a fim de que todas as pessoas presentes a recebam, e deve baixar o volume da TV!

- Ao iniciar o trabalho, convide a todos para juntos orarem a (Oração do Pai Nosso);

- Sempre que possível e houver autorização da administração, convide os presentes para cantar (em tom baixo), uma ou duas músicas gospel, para meditação e edificação espiritual dos ouvintes;

- Na sequência, pedir permissão e atenção aos presentes, para ouvirem a ministração da mensagem de Deus (levar de preferência uma Bíblia de bolso);

- Ministrar mensagens curtas, porém completas, que contenham: consolo, perdão e salvação em Cristo, que ajudem na autoestima dos ouvintes através do apoio, fé, amor e esperança;

- A seguir, falar da importância de declarar o seu amor a Jesus, reconhecendo que Ele é o único caminho para obtenção da Salvação eterna;

- E na sequência, convidar a todos que puderem para colocarem a mão no coração, para juntos fazer uma oração compartilhada, de confissão de Fé em Jesus Cristo.

- Ao término, dar o seu testemunho de fé, motivar e dar oportunidade aos ouvintes para testemunharem sobre vitórias alcançadas pela fé cristã! (limitar no máximo dois testemunhos). E lembrar a todos que o testemunho promove o fortalecimento da fé dos ouvintes e ao mesmo tempo, glorifica a Deus, através da gratidão pelo depoimento apresentado;

- Finalizar com uma oração curta e objetiva e se colocar à disposição daqueles que quiserem receber uma oração individual, para aguardarem o término da reunião.

Agradecer a atenção de todos, despedindo-se com simpatia, no amor de Cristo!

4 Orientações práticas para ministração da mensagem cristã?

Esforça-te para ganhar almas para o Reino Eterno! Jesus Cristo não fez um pedido, mas nos deu uma ordem, conforme vemos: "Ide por todo o mundo, pregai o evangelho a toda criatura...". (Marcos 16:15-18). Portanto, é responsabilidade de cada cristão, evangelizar sem hesitar, sempre que estiver ao nosso alcance!

a. O Capelão ou visitador Cristão, antes de preparar a mensagem cristã, precisa se consagrar com jejum e oração;

b. Observar que cada mensagem tem três componentes essenciais: Consolo, Perdão, Salvação Eterna e os complementos: Convite de entrega da vida a Jesus Cristo e oração de Confissão de Fé compartilhada com os ouvintes;

c. Ministrar a mensagem sem falar a sua história de vida, exceto se for um testemunho que edifique aos ouvintes! E ao finalizar cada mensagem, é necessário lembrar aos ouvintes da sua fidelidade como discípulo de Cristo até o final da sua existência terrena;

d. Antes de ministrar a mensagem, verificar a localidade (UTI, enfermaria, sala de espera, de quimioterapia, radioterapia e outras), E a realidade apresentada. Exemplo: gravidade da enfermidade, vulnerabilidade e/ou outros. visto que, dependendo da situação, a mensagem deve ser adaptada.

e. Como complemento do seu trabalho, o ideal é distribuir a literatura evangelística no final da mensagem. Todavia, se houver rotatividade de pessoas, como em ambulatórios e salas de espera, a distribuição deve ser realizada antes de iniciar a ministração da mensagem;

f. Ao chegar, deve pedir permissão para ministrar a mensagem e se apresentar com o jaleco de identificação;

g. Após as saudações iniciais e apresentações, quando houver muitas pessoas, poderá começar sempre com a oração do "Pai Nosso" (chama a atenção dos participantes por ser uma oração universal dos Cristãos, facilitando a concentração dos ouvintes). Contudo, se preferir, pode iniciar com uma oração curta e objetiva. E, a seguir, pode ler o versículo bíblico e ministrar a mensagem;

h. Tempo de permanência: no máximo, 10 minutos quando for em quartos ou enfermarias e no máximo 20 minutos em ambulatórios ou salas de espera maiores. E nunca gritar, mas falar com voz normal e pausada;

i. Ao término da mensagem, convidar os ouvintes para juntos orarem a Oração compartilhada, de Confissão de Fé em Jesus Cristo (veja exemplos dessa oração, no final de cada mensagem cristã, neste Capítulo IV).

j. Ao finalizar a Oração compartilhada, fazer aos ouvintes as seguintes perguntas:

k. "Tem alguém que gostaria de dar um testemunho de Fé, sobre a graça de Deus na sua vida"? (em quartos, permitir somente um testemunho. Porém, nos lugares maiores, limitar para dois testemunhos e cronometrar a duração de no máximo cinco minutos para cada um);

l. Ao final, sempre perguntar: "Se alguém, quer uma oração individual, que aguarde até o término da reunião". Portanto, a equipe da Capelania deverá aguardar uns minutos no local, para dar tempo às pessoas solicitarem as orações;

m. Ao concluir, deverá fazer uma oração curta, de gratidão a Deus, pela vida dos participantes. E ao se despedir, agradecer a todos pela atenção dispensada, sempre demonstrando interesse pelas pessoas, compaixão e simpatia no amor de Cristo;

n. Antes de sair, se houver perguntas, poderá aconselhar os ouvintes interessados que não frequentam nenhuma denominação religiosa, a procurarem um Templo Cristão, a fim de terem comunhão com os irmãos para os apoiar no crescimento espiritual, sem influenciar com nomes ou endereços de Instituições religiosas.

5 Como estruturar uma mensagem cristã na prática?

Justificativa: o meu principal objetivo é que as suas mensagens sejam ministradas com eficiência e unção do Espírito Santo! Amém!

Então, se dedique muito estudando o conteúdo a seguir:

Para ministrar uma Mensagem Evangelística de modo objetivo, é muito fácil. Todavia, independentemente do texto bíblico a ser utilizado, a mensagem deve conter sempre os três componentes básicos, que são:

1º. CONSOLO, 2º. PERDÃO E 3º. SALVAÇÃO ETERNA, COM O CONVITE AOS OUVINTES PARA ENTREGAR A SUA VIDA A JESUS CRISTO, QUE PODERÁ SER ATRAVÉS UMA DECLARAÇÃO PUBLICA, POR INTERMÉDIO DE UMA ORAÇÃO COMUNITÁRIA DE CONFISSÃO DE FÉ.

I. A PRIMEIRA PARTE: POR QUE MINISTRAR A MENSAGEM SOBRE CONSOLO?

O Consolo é a primeira parte da mensagem, pois transmite apoio, amor, esperança e fé, que ajuda muito a levantar a autoestima dos ouvintes.

Desse modo, são ministradas passagens bíblicas sobre o amor e as bênçãos de Deus, para todos que o buscam com sinceridade de coração. Conforme vemos: "As bênçãos do Senhor é que enriquece; e ele não lhes acrescenta dores" (Provérbios 10:22). Pois Deus criou a humanidade com muito amor, para ter paz e ser feliz, apesar do surgimento das adversidades.

Em síntese, é através de palavras de "Consolo" que a mensagem de reconciliação e conforto espiritual é ministrada, para consolar e amenizar problemas físicos, mentais e espirituais dos ouvintes, conforme vemos: "Provai e vede que o Senhor é bom: bem-aventurado o homem que nele confia" (Salmo 34:8). Que palavras incríveis de promessa e conforto espiritual.

A seguir, alguns versículos sobre Consolo:

"Vinde a mim todos os que estais cansados e oprimidos...". *(Mateus 11:28-30).* "Não temas porque eu sou contigo...". (Isaías 41:10). "Elevo os meus olhos para os montes...". (Salmos 121:1-2). "Provai e vede que o Senhor é bom...". (Salmos 34:8).

II. A SEGUNDA PARTE: POR QUE MINISTRAR A MENSAGEM SOBRE PERDÃO?

Portanto, Perdão é a segunda parte da mensagem. A palavra Perdão **é libertadora e foi muito usada por Cristo, devido** à sua grande importância!

Todavia, perdoar é uma atitude e não uma emoção. Por isso, há necessidade de aconselhar as pessoas a se arrependerem dos seus pecados. Bem como pedir e liberar perdão, a fim de serem perdoadas por Deus, para fazerem jus à vitória, pela qual buscam.

Em síntese, o perdão é essencial e condicional, de mão dupla: tão importante que faz parte da Oração do "Pai Nosso". "E perdoa-nos as nossas dívidas, assim como nós também temos perdoado aos nossos devedores" (Mateus 6:12).

Contudo, a falta de perdão prejudica a paz interior e ainda a pessoa poderá perder a Salvação eterna com Deus!

A seguir, alguns versículos sobre perdão:

"Pai Nosso", no verso12, "Perdoai as nossas ofensas…". (Mat. 6:12). "Se confessarmos os nossos pecados, ele é fiel e justo para perdoar os nossos pecados…". (João 1:9). "A parábola do credor incompassivo". (Mt.18:23-35).

III. A TERCEIRA PARTE: POR QUE MINISTRAR A MENSAGEM SOBRE O PLANO DE RENDENÇÃO DE DEUS E A SALVAÇÃO ETERNA?

A Salvação Eterna é a parte mais importante da Mensagem Cristã. Porque foi dada por Deus, o qual, pela na sua infinita graça e misericórdia, escolheu a reconciliação do pecador consigo mesmo (Deus), através do seu "Plano de Redenção". Que foi consumado por Jesus Cristo (o seu filho), o qual foi o substituto do homem e pagou o preço vicário na cruz, pelo pecado da humanidade para salvá-la, conforme vemos: "Porque Deus amou o mundo de tal maneira, que deu o seu filho Unigênito, para que todo aquele que Nele crer, não pereça, mas tenha a vida eterna" (João 3:16).

Em síntese, a salvação eterna é pela graça de Deus, mediante a Fé no seu Filho, o Salvador Jesus Cristo, como vemos: "Porque pela graça sois salvos, por meio da fé; e isto não vem de vós, é dom de Deus" (Efésios 2:8).

Todavia, após a ministração da mensagem, há sempre a necessidade de convidar o ouvinte para entregar sua vida a Cristo e fazer uma oração compartilhada de Confissão de Fé, conforme o seguinte exemplo:

"JESUS CRISTO, TEM COMPAIXÃO DE MIM! EU CONFESSO QUE PRECISO DE TI E TE CONVIDO PARA FAZER PARTE DA MINHA VIDA COMO O MEU LEGÍTIMO, ÚNICO E SUFICIENTE SALVADOR E SENHOR. PEÇO QUE PERDOE OS MEUS PECADOS E APAGUE O MEU PASSADO. ROGO-TE QUE ESCREVAS O MEU NOME NO LIVRO DA VIDA, PARA UM DIA PARTICIPAR DO SEU REINO ETERNO. AGRADEÇO A DEUS A SALVAÇÃO PELA GRAÇA. A ELE SEJA DADA TODA A HONRA GLÓRIA E LOUVOR PARA SEMPRE. AMÉM!".

A seguir, alguns versículos sobre a Salvação Eterna.

"A saber: Se com tua boca...". (Rom.10:9-10). Portanto, a Salvação Eterna é Somente pela Fé, conforme: "Disse Jesus: Eu sou o caminho, a verdade e a vida...". (João 14:6). "Se fiel até à morte, e dar-te-ei a coroa da vida". (Apocalipse 2:10).

6 A seguir, apresento vinte e uma (21), mensagens cristãs e recomendo que as mais curtas sejam ministradas nos quartos de hospitais ou para pequenos grupos de ouvintes. E as mais longas em lugares maiores como: ambulatórios, auditórios, clínicas, orfanatos e outros.

NOTA: para facilitar a sua compreensão e a identificação dos três componentes que fazem parte de cada mensagem, observe a seguir que a **1ª.Mensagem Cristã está dividida didaticamente em três partes.**

OBSERVAÇÃO: em geral, para facilitar a concentração dos ouvintes na reunião, você poderá iniciar o trabalho convidando a todos para juntos orarem a "Oração do Pai Nosso". Ou, se preferir, poderá optar inicialmente, por fazer uma oração curta e objetiva.

1ª. MENSAGEM CRISTÃ
VOCÊ SABE QUAL É O MAIOR TESOURO DO MUNDO?

A. 1ª. Parte refere-se ao Consolo: que nos remete ao amor incondicional de Deus, o qual traz esperança, paz e promete as bênçãos sem medidas, a todos quanto lhe buscarem com sinceridade.

GRAÇA E PAZ, AMADOS OUVINTES!

Por gentileza, neste instante, peço a vossa atenção para compartilhar a Mensagem: "Você sabe qual é o maior tesouro do mundo?".

Todavia, descubra, ao observar o seguinte texto bíblico: "Mas Deus prova o seu amor para conosco, em que Cristo morreu por nós, sendo nós ainda pecadores" (Romanos, 5:8).

Portanto, isso nos mostra que Deus não mediu esforços para entregar o maior tesouro do mundo para a humanidade, que é a salvação eterna em Cristo! Glória a Deus!

Todavia, apesar dos problemas que enfrenta, você está neste mundo para ser feliz e ter paz, porque Deus ama você incondicionalmente!

Por isso, é preciso valorizar a sua vida a cada manhã, como um presente do Pai Celestial!

Entretanto, sugiro que você leia a Bíblia, ore e busque com alegria o agir de Cristo na sua vida, para receber este precioso tesouro de Deus!

B. 2ª. Parte refere-se ao perdão: o perdão deve ser a marca registrada dos Cristãos. O perdão é uma mão dupla, porque é necessário perdoar o seu próximo para também ser perdoado por Deus!

Por isso, perdoe sempre! Ainda que você esteja sofrendo muito, com dores físicas ou emocionais; sentindo mágoas de alguém que te prejudicou, você pode contar com o misericordioso amor de Deus por você e se livrar desse veneno!

Como? Jogando fora esse fardo pesado de amarguras, para conseguir virar essa página da sua vida.

Contudo, peça perdão dos seus pecados, pois, caso você não perdoe, Deus também não te perdoará, e você ainda correrá o risco de perder a Salvação Eterna! Visto que todos somos pecadores e necessitamos da graça Divina. Amém!

C. 3ª. Parte é a mais importante, porque refere-se ao Plano de Redenção de Deus e a Salvação Eterna. O Pai Celestial enviou o seu filho para salvar a humanidade perdida!

Porque, conforme relata o versículo: "Deus amou o mundo de tal maneira que deu o seu Filho Unigênito, para que todo aquele que nele crê não pereça, mas tenha a vida eterna" (João 3:16). Veja que Deus deu o que mais precioso tinha, o seu próprio filho, para morrer no seu lugar e quer te entregar através dele o grande presente, que é a salvação eterna!

Portanto, Cristo pagou o preço de sangue, para que eu e você recebamos o maior Tesouro do mundo, que é a Vida eterna, nos Céus com Deus!

Então, confie e entregue a Deus as suas ansiedades, as suas enfermidades e os desafios que estás enfrentando, porque a misericórdia do Senhor, é infinita!

Por conseguinte, é necessário ser fiel e perseverante até o final da sua existência, conforme vemos: "Se fiel até à morte, e dar-te-ei a coroa da vida." (Apocalipse 2:10). Amém!

Como também é necessário somente Crer na graça de Deus e receber pela fé Cristo na sua vida.

Então, você crê e quer recebê-lo? Se a sua resposta for SIM, então, faça comigo uma oração compartilhada de Confissão de Fé.

"JESUS CRISTO, RECONHEÇO QUE SOU FRÁGIL E PECADOR E TE RECEBO NA MINHA VIDA COMO O MEU LEGÍTIMO E SUFICIENTE SALVADOR PESSOAL! PEÇO PERDÃO DOS MEUS PECADOS! ROGO-TE QUE ESCREVAS O MEU NOME NO LIVRO DA VIDA, PARA UM DIA PARTICIPAR DO TEU REINO ETERNO. E AJUDA-ME A VIVER UMA VIDA NOVA,

PELO PODER DO ESPÍRITO SANTO. AGRADEÇO A SALVAÇÃO PELA GRAÇA E SOMENTE A DEUS SEJA DADA TODA A HONRA, GLÓRIA E LOUVOR PARA SEMPRE. AMÉM!".

2ª. MENSAGEM CRISTÃ
"O MEU TESTEMUNHO DE VITÓRIA PELA FÉ"

GRAÇA E PAZ, AMADOS OUVINTES!

Sou a missionária e capelã Roseni das Graças Nery e quero compartilhar o meu testemunho pessoal de vitória pela Fé!

A Bíblia afirma que é impossível agradar a Deus sem fé! Pois "Fé é o firme fundamento das coisas que se esperam, e a prova das coisas que se não veem" (Hebreus 11:1). Por isso, Deus honra as pessoas que depositam sua confiança e esperança Nele! Amém!

Então, a minha história começou em 2022, quando fui diagnosticada com um câncer maligno no intestino. Logo a seguir, fui submetida a uma cirurgia para a retirada do tumor. Todavia, a partir daquele momento, comecei a exercitar a minha fé através de orações, como também tive apoio de intercessões de meus familiares e irmãos cristãos. E posteriormente, o tratamento foi complementado com 12 sessões de quimioterapia. Confesso que foram dias difíceis, porém Deus nunca faltou com o seu grande amor e consolo. Em alguns momentos, me sentia carregava em seus braços! Entretanto, após algum tempo, fiz todos os exames necessários e recebi como um grande presente, a cura maravilhosa do câncer! Glória a Deus!

Por essa razão, também, te convido a exercitar a sua fé, depositando toda a sua confiança em Deus e crendo que receberá as bênçãos celestiais de que tanto precisa. E verás a glória de Deus irradiar o seu coração, para viver em paz e feliz. Todavia, peça perdão a Deus dos seus pecados e libere perdão para as pessoas que te prejudicaram! Pois Jesus te ama e tudo o que você precisa é entregar a sua vida a Ele! Você crê e quer recebê-lo? Se a sua resposta for SIM, então faça comigo uma oração compartilhada de Confissão de Fé.

"JESUS CRISTO, TE RECEBO NA MINHA VIDA COMO O MEU LEGÍTIMO E SUFICIENTE SALVADOR PESSOAL. PERDOA OS MEUS PECADOS, APAGA O MEU PASSADO E ESCREVA O MEU NOME NO LIVRO DA VIDA, PARA UM DIA PARTICIPAR DO TEU REINO ETERNO. AGRADEÇO A DEUS A SALVAÇÃO PELA GRAÇA. A ELE TODA A HONRA, GLÓRIA E LOUVOR PARA SEMPRE. AMÉM!"

3ª. MENSAGEM CRISTÃ
JOGUE FORA A SUA ANSIEDADE!

GRAÇA E PAZ, AMADOS OUVINTES!

Neste momento, quero compartilhar com você a mensagem: "Jogue fora a sua ansiedade!", pois a ansiedade é um terrível sofrimento por antecipação, isto é, a pessoa encontra-se tão preocupada com problemas que não vive o presente! A sua mente está ocupada com o pesadelo do futuro que talvez não ocorra. Todavia, a ansiedade gera doenças emocionais graves, como a depressão e suicídios! Por essa razão, o próprio Cristo nos advertiu sobre esse sofrimento, quando disse: "Por isso, vos digo: não andeis ansiosos pela vossa vida, quanto ao que haveis de comer ou beber; nem pelo vosso corpo, quanto ao que haveis de vestir. Não é a vida mais do que o alimento, e o corpo, mais do que as vestes?" (Mateus 6:25).

Nesse texto, vemos Jesus se preocupando com a nossa fragilidade. Ele nos alerta para não perdermos tempo se preocupando com coisas corriqueiras da nossa rotina, porque a nossa vida tem muito mais valor e precisa ser cuidada com muito amor! Amém!

Então, **não desanime** e entregue todos os seus planos e projetos nas mãos de Deus, o qual sabe o que é melhor para você, como também é poderoso para realizar os seus sonhos, que vão além da sua imaginação! Glória a Deus!

Todavia, para receber as bênçãos, você precisa pedir perdão de seus pecados e ter um coração perdoador sempre!

Para isso, deve reconhecer que Cristo é o único caminho para a Salvação Eterna. Você quer recebê-lo na sua vida? Se sua resposta for sim, te convido neste momento para fazermos juntos uma oração de Confissão de Fé.

"JESUS CRISTO, EU CONFESSO QUE PRECISO DE TI E TE RECEBO NA MINHA VIDA COMO O MEU LEGÍTIMO E SUFICIENTE SALVADOR E SENHOR! PEÇO QUE PERDOES OS MEUS PECADOS E ESCREVAS O MEU NOME NO LIVRO DA VIDA. A DEUS SEJA DADA TODA A HONRA E GLORIA E LOUVOR PARA SEMPRE! AMÉM!"

4ª. MENSAGEM CRISTÃ
DEUS CUIDA DAS PESSOAS FRÁGEIS E DOENTES!

GRAÇA E PAZ, AMADOS OUVINTES!

Por favor, peço a vossa atenção para compartilhar a mensagem: "Deus cuida das pessoas frágeis e doentes." Veja através da passagem bíblica onde o próprio Cristo disse: "Vinde a mim, todos os que estais cansados e oprimidos, e eu vos aliviarei. Tomai sobre vós o meu jugo, e aprendei de mim, que sou manso e humilde de coração; e encontrareis descanso para a vossa alma. Porque o meu jugo é suave e o meu fardo é leve" (Mateus 11:28-30).

Então, vemos nesse texto que Jesus ama os fracos e doentes e os convida a confiar nele e descansar! Porque o seu jugo traz suavidade e o seu fardo é leve! Portanto, Ele te ajudará a carregar o teu fardo, que muitas vezes é pesado demais! Por essa razão, entregue tudo ao Senhor, porque **não importa o tamanho do seu problema,** pois a graça do Senhor te alcançará! E a vitória será sua! Amém! Contudo, é preciso que você sonde os seus sentimentos e elimine todas as mágoas e ressentimentos que houver e perdoe sempre! Ainda que seja muito complicado tomar essa decisão, pois todos nós pecamos e precisamos da misericórdia de Deus!

Todavia, se você não perdoar as pessoas que te prejudicaram, não poderá receber o perdão de Deus, visto que o perdão tem mão dupla: é necessário perdoar, para ser perdoado também!

Dessa forma, para vencer os desafios da vida, **é necessário valorizá-la como uma** dádiva de Deus e buscar a sua gloriosa presença, através da oração e leitura bíblica diária, visto que Cristo está de abraços abertos para te abençoar e sempre pronto para te acolher, curar as feridas da sua alma e transformar sua vida para ter paz e ser feliz!

Contudo, para herdar a Salvação eterna, o ser humano precisa ser justificado pela fé em Jesus Cristo e ser fiel até o final da sua existência, pois Ele é o único caminho e o passaporte para a vida eterna com Deus. Amém!

Portanto, Jesus Cristo te ama com amor infinito! E, neste instante, aproveito para te perguntar: você crê e quer recebê-lo na sua vida? Se a sua resposta for SIM, então faça comigo a seguinte oração compartilhada de Confissão de Fé:

"JESUS CRISTO, CONFESSO QUE PRECISO DE TI E TE RECEBO NA MINHA VIDA, COMO O MEU ÚNICO E LEGÍTIMO SALVADOR E SENHOR. PEÇO QUE PERDOE OS MEUS PECADOS E ESCREVAS O MEU NOME NO LIVRO DA VIDA, PARA UM DIA PARTICIPAR DO TEU REINO ETERNO. AGRADEÇO A DEUS A SALVAÇÃO PELA GRAÇA, A ELE SEJA DADA TODA A HONRA, GLÓRIA E LOUVOR PARA SEMPRE. AMÉM!"

5ª. MENSAGEM CRISTÃ
A PACIÊNCIA TRAZ VITÓRIA!

GRAÇA E PAZ, AMADOS OUVINTES!

Por favor, neste instante, preciso compartilhar com vocês uma mensagem sobre "a paciência traz vitória!", como vemos no seguinte texto: "Esperei com paciência no Senhor e Ele se inclinou para mim e ouviu o meu clamor." (Salmo 40:1). Todavia, a paciência é uma virtude que precisamos exercitar no nosso cotidiano, porque demonstra a nossa confiança em Deus!

Pois muitas vezes a nossa vida é uma jornada cheia de sofrimentos e desafios que testam a nossa capacidade de enfrentá-los e decidir qual rumo tomar!

Contudo, a paciência é uma dádiva do Pai Celestial, que sempre se importa com as nossas dores, soluços e clamores e, com certeza, renova as nossas forças para prosseguirmos a caminhada, até alcançarmos as vitórias que tanto desejamos. Por isso, precisamos buscar diariamente a direção e a presença do Criador, através da oração e leitura bíblica.

Todavia, não vale a pena perder tempo, ficando estressado com as pessoas que te feriram! Mas perdoe! Pois o perdão é uma atitude muito importante, visto que, na própria Oração do "Pai Nosso", Jesus Cristo fala da importância de perdoar ao próximo. Portanto, perdoe sempre você mesmo e o seu próximo!

Porque o próprio Cristo perdoou os seus algozes, como também morreu por todos nós, naquela rude cruz de madeira, para dar-nos a vida eterna nos céus.

Mas é necessário ser fiel e perseverante até o final da vida, conforme vemos: "Se fiel até à morte e dar-te-ei a coroa da vida." (Apocalipse 2:10). Amém!

Contudo, o alvo da nossa fé é a salvação eterna com Deus.

Pois, quando Cristo faz parte da nossa vida, nos tira das trevas para a maravilhosa luz e transforma tudo ao nosso redor para melhor! Aleluia!

Todavia, através de um ato de Fé, você precisa Crer e Receber a Jesus Cristo na sua vida, como seu Salvador e Senhor!

Você crê e quer recebê-lo? Se a sua resposta for SIM, então faça comigo a seguinte oração compartilhada de Confissão de Fé:

"JESUS CRISTO, TEM MISERICÓRDIA DE MIM, QUE SOU FRÁGIL E PECADOR! EU TE RECEBO NA MINHA VIDA COMO O MEU ÚNICO, LEGÍTIMO E SUFICIENTE SALVADOR E SENHOR. PEÇO QUE PERDOE OS MEUS PECADOS E ESCREVA O MEU NOME NO LIVRO DA VIDA, PARA UM DIA PARTICIPAR DO TEU REINO ETERNO. A DEUS TODA A HONRA, GLÓRIA E LOUVOR PARA SEMPRE. AMÉM!"

6ª. MENSAGEM CRISTÃ
VOCÊ É UMA OBRA-PRIMA DE DEUS!

GRAÇA E PAZ, AMADOS OUVINTES!

Neste instante, quero compartilhar com você a mensagem: "Você é uma obra-prima de Deus". Conforme vemos no texto bíblico; "Eu te louvarei, porque de um modo assombroso e tão maravilhoso fui formado" (Salmos 139:14).

Portanto, pode acreditar! Você não é obra do acaso ou um número a mais no Planeta! Por isso, você tem características próprias que são somente suas! Não existe ninguém igual a você!

Sabe, Deus se agradou de criar você do jeitinho que você é! Com seu sorriso, com o seu modo de chorar, de reagir e de viver! Aleluia!

Quer um exemplo? Veja as marcas das digitais dos seus dedos, elas são únicas! Não existe ninguém com as digitais iguais às suas!!

Isso não é incrível? Pois bem! Isso significa que você tem um lugar especial no coração do Pai Criador, que se importa com você e sua caminhada terrena!

Portanto, nunca se sinta inferior a ninguém e nem faça comparações com essa ou aquela pessoa, porque Deus quis que você seja exatamente como você é, com essas características, digitais e a identidade própria que são somente suas, pois elas pertencem unicamente a você! Então, alegre-se por isso!

Todavia, analise o fato de Deus te amar tanto a ponto de ter enviado ao mundo o seu maior tesouro, que é o seu filho Jesus Cristo, para que morresse em seu lugar, a fim de salvar-te para a vida eterna.

Então, se arrependa de seus pecados, libere perdão a quem te feriu e entregue a sua vida a Cristo e seja um discípulo fiel até o fim da sua existência, para assim herdar a salvação eterna. Você crê e quer recebê-lo? Se a sua resposta for SIM, então faça comigo a seguinte oração compartilhada de Confissão de Fé:

"JESUS CRISTO, ENTREGO-TE A MINHA VIDA E RECONHEÇO QUE ÉS O MEU LEGÍTIMO E SUFICIENTE SALVA-

DOR E SENHOR. PERDOA OS MEUS PECADOS, ESCREVE O MEU NOME NO LIVRO DA VIDA E TRANSFORMA A MINHA VIDA PELO PODER DO ESPÍRITO SANTO! TODA A HONRA, GLÓRIA E LOUVOR SEJAM DADAS PARA SEMPRE AO PAI CELESTIAL! AMÉM!"

7ª. MENSAGEM CRISTÃ
DEUS AMA OS HUMILDES DE CORAÇÃO!

GRAÇA E PAZ, AMADOS OUVINTES!

Por favor, neste momento, peço a vossa atenção para lhe apresentar a seguinte mensagem: "Deus ama os humildes de coração". Como vemos, no seguinte texto bíblico, declarado pelo próprio Jesus Cristo: "Bem-aventurados são os humildes de espírito, porque deles é o Reino dos Céus" (Mateus 5:3).

Portanto, Jesus não se referiu à pobreza financeira de uma pessoa. Mas, sim, a sua humildade de espírito, visto que o próprio Deus nos deu o exemplo, quando enviou seu filho, o Messias Jesus, à Terra, o qual deixou toda a sua glória nos Céus para habitar com a humanidade.

Por isso, sinta-se amado pelo Pai celestial, o qual deseja te ver sempre feliz! Contudo, ore e leia a Bíblia Sagrada diariamente com sinceridade de coração! E verás a maravilhosa transformação que ocorrerá na sua vida, pelo poder do Espírito Santo, porque nada foge ao seu controle!

Todavia, isso significa que aquelas pessoas que na humildade compreendem a sua condição humana e pecaminosa e reconhecem que é pela graça e misericórdia que recebem o perdão de Deus precisam perdoar, por mais difícil que seja a sua situação, visto que o perdão é condicional.

Pois o próprio Cristo perdoou todos os seus algozes que lhe crucificaram!

Então, procure ser humilde como Jesus, em todas as situações da sua vida.

Contudo, **é necessário ser fiel e perseverante até o final da sua vida, conforme vemos:** "Se fiel até à morte, e dar-te-ei a coroa da vida." (Apocalipse 2:10). Amém! Portanto, não há mais condenação para aqueles que estão em Jesus Cristo, pois a salvação eterna ocorre através da Fé! Mas, tudo que você precisa fazer é somente Crer em Jesus Cristo!

Você crê e quer recebê-lo? Se a sua resposta for SIM, então faça comigo uma oração compartilhada de Confissão de Fé.

"JESUS CRISTO, TE RECEBO NA MINHA VIDA COMO O MEU LEGÍTIMO E SUFICIENTE SALVADOR. PERDOA OS MEUS PECADOS, APAGA O MEU PASSADO E ESCREVES O MEU NOME NO LIVRO DA VIDA. PEÇO, NESTE MOMENTO, CAPACIDADE PARA SER SEU DISCÍPULO, PARA CUMPRIR COM EXCELÊNCIA A MISSÃO QUE ME CONFIASTE! AGRADEÇO A DEUS A SALVAÇÃO PELA GRAÇA! A ELE SEJA DADA TODA A HONRA, GLÓRIA E LOUVOR PARA SEMPRE! AMÉM!"

8ª. MENSAGEM CRISTÃ
A NOSSA ESPERANÇA ESTÁ EM DEUS

GRAÇA E PAZ, AMADOS OUVINTES!

Neste instante, eu preciso compartilhar com você uma mensagem sobre "A nossa esperança está em Deus"!

A palavra esperança vem do latim *sperare*. É um sentimento que leva uma pessoa a olhar para seu futuro com o desejo de conseguir alcançar seus sonhos e objetivos! Por isso, esperança é algo valioso e intrínseco, faz parte da nossa essência, que alimenta os nossos sentimentos de algo tão precioso! Dessa forma, podemos definir esperança como: um forte pensamento de realização daquilo que se almeja ou, mesmo, um desejo ardente da alma, de que alguma coisa boa se concretize na nossa vida!

Pois a Bíblia relata o seguinte: "Ora, o Deus de esperança vos encha de todo o gozo e paz no vosso crer, para que sejais ricos de esperança no poder do Espírito Santo" (Romanos 15:13). Por essa razão, o Espírito Santo nos encoraja a viver com alegria a cada dia!

Porque a nossa esperança de uma vida feliz já foi conquistada na Cruz do Calvário, através de Cristo. Contudo, é preciso confiar em Jesus, que nos proporciona a maior esperança de todas, que transcende a vida terrena, pois ele foi preparar-nos morada eterna nos céus. Aleluia! Portanto, deposite a sua Fé em Deus, que te dará a vitória que tanto espera! E, assim, o seu fardo se tornará mais leve e você terá mais força e paciência para suportar e vencer todos os obstáculos que surgirem na sua caminhada terrena!

Contudo, **há necessidade de liberar perdão para aqueles que te prejudicaram**, como também deve jogar fora o veneno da vingança!

Todavia, creia que obterá todas as bênçãos que tanto precisa, porque o nosso Deus é especialista em milagres! Você crê que Jesus Cristo é o salvador da sua vida? Se a sua resposta for SIM, te convido, neste momento, para fazermos juntos uma oração de Confissão de Fé.

"JESUS CRISTO, TE RECEBO NA MINHA VIDA COMO O MEU LEGÍTIMO E SUFICIENTE SALVADOR PESSOAL! PEÇO QUE PERDOE OS MEUS PECADOS, QUE APAGUE O MEU PASSADO E ESCREVA O MEU NOME NO LIVRO DA VIDA. AGRADEÇO A SALVAÇÃO PELA GRAÇA, A DEUS SEJA DADA TODA A HONRA, GLÓRIA E LOUVOR PARA SEMPRE. AMÉM!"

9ª. MENSAGEM CRISTÃ
DEUS É BOM O TEMPO TODO!

GRAÇA E PAZ, AMADOS OUVINTES!

Por favor, neste momento, quero compartilhar com você a mensagem: "Deus é bom o tempo todo". Sim, a sua benignidade dura, conforme lemos: "Rendam graças ao Senhor, pois Ele é bom; o seu amor dura para sempre!" (I Crônica16:34). Que maravilha! O Senhor é sempre fiel e não muda! É o mesmo ontem, hoje e será eternamente! Aleluia!

Então, valorize cada instante da sua vida e tenha gratidão no coração, porque a vida é um presente do Altíssimo e um legado Divino!

Você é um ser único e precioso para Deus, o qual deseja a sua felicidade para sempre! Por isso, coloque a sua vida em ordem, ore sempre e leia a Bíblia, pois o Senhor é contigo! Amém!

Por conseguinte, também é preciso ter um coração perdoador sempre, conforme Jesus nos ensinou. Todavia, se hoje você estiver com o seu coração carregado de tristeza e amargura, tome uma decisão; perdoe e jogue fora esse veneno que só te faz mal e, com certeza, sentirá sua vida mais leve, segura e feliz! Acredite! Entretanto, a vida terrena passa muito rápida como um sopro!

Então, cuide bem da sua alma, porque ela é eterna!

Contudo, é necessário ser fiel e perseverante até o desfecho final da sua vida, conforme o versículo: "Se fiel até à morte e dar-te-ei a coroa da vida." (Apocalipse 2:10). Amém!

Todavia, agora você tem uma nova identidade, porque é um cidadão do céu! E tudo o que precisa fazer é simplesmente Crer em Jesus Cristo.

Você Crê e quer recebê-lo? Se a sua resposta for SIM, então faça comigo a seguinte oração compartilhada de Confissão de Fé:

"JESUS CRISTO, TE AMO E PRECISO DE TI! EU TE RECEBO NA MINHA VIDA COMO O MEU LEGÍTIMO E SUFICIENTE SALVADOR E SENHOR. PEÇO PERDÃO DOS MEUS PECADOS E QUE ESCREVA O MEU NOME NO LIVRO DA VIDA. A DEUS TODA A HONRA, GLÓRIA E LOUVOR PARA SEMPRE. AMÉM!"

10ª. MENSAGEM CRISTÃ
DEUS QUER TE VER SEMPRE FELIZ!

GRAÇA E PAZ, AMADOS OUVINTES!

Neste instante, eu preciso compartilhar com você a mensagem: "Deus quer te ver sempre feliz!". Sim, porque a felicidade faz parte da sua existência!

Sabe por quê? Porque Deus te criou com um propósito maior que você mesmo! Conforme vemos no texto bíblico: "Porque somos feitura sua, criados em Cristo Jesus para as boas obras, as quais Deus preparou para que andássemos nelas" (Efésios 2:10).

Todavia, existe, no nosso íntimo, um lugar vazio que precisa ser preenchido com a presença maravilhosa do Espírito Santo, que, apesar dos sofrimentos que nos ferem, nos trará paz e alegria para vivermos felizes!

Portanto, veja o quanto Deus se importa com você e sinta-se muito amado pelo Pai Criador, o qual transmite segurança, para você viver em paz e brilhar ainda neste mundo! Porque o Senhor se agrada daqueles que o temem, buscam a sua gloriosa presença! Amém!

Contudo, peça perdão dos seus pecados e libere perdão para todas as pessoas que te prejudicaram e receba Jesus Cristo na sua vida, porque Ele é o único caminho para a salvação eterna!

Se a sua resposta for positiva, então te convido, neste momento, para faze comigo uma oração de Confissão de Fé.

Então, creia e repita comigo, palavra por palavra, da seguinte oração:

"JESUS CRISTO, TEM COMPAIXÃO DE MIM! TE CONVIDO PARA FAZER PARTE DA MINHA VIDA, COMO O MEU LEGÍTIMO, ÚNICO SALVADOR E SENHOR. PEÇO PERDÃO DOS MEUS PECADOS E ROGO-TE QUE ESCREVAS O MEU NOME NO LIVRO DA VIDA, PARA UM DIA PARTICIPAR DO SEU REINO ETERNO. QUE SOMENTE DEUS SEJA LOUVADO COM TODA A HONRA, GLÓRIA E LOUVOR PARA SEMPRE. AMÉM!"

11ª. MENSAGEM CRISTÃ
ACREDITE! DEUS SE IMPORTA COM VOCÊ!

GRAÇA E PAZ, AMADOS OUVINTES!

Neste momento, quero compartilhar com você a mensagem: "Acredite! Deus se importa com você!" Sim, Ele se importa, pois, apesar das aflições do mundo, você é uma joia preciosa e rara que Deus criou para ser feliz, embora muitas pessoas não reconheçam o seu valor. Porém, o que mais importa na vida é que o Pai Celestial te valoriza e te ama como você é. Tanto é verdade que Ele enviou seu filho Jesus Cristo para salvar os contritos de coração como você!

Conforme vemos: "Pois vocês são salvos pela graça, por meio da fé, e isso não vem de vocês, é dom de Deus" (Efésio 2:8). Aleluia! Todavia, podemos afirmar que Cristo morreu a nossa morte, a fim justificar e garantir-nos o passaporte para a vida eterna nos céus!

Contudo, se você estiver triste, enlutado, sofrendo muito, busque a maravilhosa presença de Deus, que te dará a vitória que tanto precisa.

Entretanto, deve ter um coração perdoador e crer em Cristo pela fé!

Você Crê e quer recebê-lo? Se a sua resposta for SIM, então faça comigo a seguinte oração compartilhada de Confissão de Fé:

"JESUS CRISTO, EU CONFESSO QUE PRECISO DE TI E TE RECEBO NO MEU CORAÇÃO COMO O MEU LEGÍTIMO E SUFICIENTE SALVADOR. PEÇO QUE PERDOE OS MEUS PECADOS E ESCREVA O MEU NOME NO LIVRO DA VIDA, PARA UM DIA ESTAR CONTIGO NOS CÉUS! AGRADEÇO A SALVAÇÃO PELA GRAÇA E A DEUS SEJA DADA TODA A HONRA, GLÓRIA E LOUVOR PARA SEMPRE. AMÉM!"

12ª. MENSAGEM CRISTÃ
DEUS OUVE AS SUAS SÚPLICAS!

GRAÇA E PAZ, AMADOS OUVINTES!

Por gentileza, neste instante, peço a vossa atenção, para juntos meditarmos no texto bíblico, que confirma o seguinte: "Deus ouve as nossas súplicas".

Disse Jesus: "Porque aquele que pede recebe; e o que busca encontra; e, ao que bate, se abre" (Mateus 7:8). Desse modo, Deus está pronto para atender aos corações sinceros que o buscam, pois todos fomos criados com propósitos eternos e não podemos esquecer que somos passageiros desta estrada da vida. Então, deixe Deus dominar sua vida, d'Ele receberá saúde, paz, alegria e suporte para vencer seus problemas!

Todavia, é necessário perdoar aqueles que te prejudicaram e arrepender-se dos teus pecados, para que também o Deus Criador perdoe as tuas ofensas!

Contudo, te sugiro que leia a Bíblia sempre e ore com sinceridade, que Ele te ouvirá com certeza.

Porém, é necessário ser grato a Deus, buscar a salvação eterna e ser fiel e perseverante até o final da vida, conforme relata o texto bíblico: "Se fiel até à morte, e dar-te-ei a coroa da vida." (Apocalipse 2:10). Amém!

Portanto, Jesus Cristo tornou-se o justificador daqueles que o amam, porque estão livres da condenação eterna. Aleluia!

Por isso, para herdar a Salvação, você precisa tão somente crer!

Você Crê e quer Recebê-lo? Se a sua resposta for SIM, então faça comigo a seguinte oração compartilhada de Confissão de Fé:

"JESUS CRISTO, TEM PIEDADE DE MIM QUE SOU PECADOR! TE RECEBO NA MINHA VIDA COMO O MEU ÚNICO E LEGÍTIMO SALVADOR E SENHOR. PERDOA OS MEUS PECADOS E ESCREVE O MEU NOME NO LIVRO DA VIDA. AGRADEÇO A DEUS A SALVAÇÃO PELA GRAÇA. A ELE SEJA DADA TODA A HONRA, GLÓRIA E LOUVOR PARA SEMPRE. AMÉM!"

13ª. MENSAGEM CRISTÃ
ACREDITE, DEUS CUIDA DE VOCÊ!

GRAÇA E PAZ, AMADOS OUVINTES!

Por favor, neste momento, preciso da vossa atenção para compartilhar a mensagem: "Acredite, Deus cuida de você!"

Pois, muitas vezes, você tem a impressão de que Deus está muito distante e não se importa contigo. Por isso, sofre tanto!

Todavia, Deus está sempre de braços abertos te aguardando! Mas você precisa tomar a atitude de buscá-lo com sinceridade e, ainda, que você não perceba, Ele se importa com você! Pois Ele **é empático e tem cuidado da sua vida.** Então, conte quantas bençãos já recebeu das suas divinas mãos e quantas vezes o Senhor te livrou de acidentes, doenças e até da morte?

Sim, acredite! Ele cuida de você! Conforme vemos: "Lançando sobre Ele toda a sua ansiedade. Porque Ele tem cuidado de vocês" (I Pedro 5:7).

Portanto, que essas palavras sejam o bálsamo de Cristo sobre a sua vida e de sua família. Amém!

Então, se você estiver sentindo dores, tristeza, pânico, esgotamento ou depressão, não se desespere, porque Deus é contigo!

Sabe, o Pai Criador te ama tanto a ponto de entregar o seu filho para morrer numa cruz por você, a fim de te garantir a salvação eterna! Por isso, você não precisa fazer nada, porque tudo já foi pago por Cristo!

Desse modo, a sua decisão muda o teu presente, apaga os seus pecados do passado e garante a sua eternidade nos céus!

Então, não deixe nada roubar esse sentimento do amor de Deus por você! Todavia, é necessário liberar perdão para aqueles que te magoaram, se arrepender dos seus pecados e convidar Cristo para fazer parte da sua vida!

Você Crê e quer Recebê-lo? Se a sua resposta for SIM, então faça comigo a seguinte oração compartilhada de Confissão de Fé:

"JESUS CRISTO, PRECISO DE TI! TE PEÇO QUE PERDOE OS MEUS PECADOS E ABENÇOE, LIBERTE E CURE ESSA PESSOA QUE ORA COMIGO AGORA, FAÇA UM MILAGRE NA SUA VIDA! QUEBRA TODAS AS FORTALEZAS DO MAL E AS QUEIME COMO FOGO! DÁ-LHE A SALVAÇÃO ETERNA E ESCREVA O SEU NOME NO LIVRO DA VIDA. QUE TODA A HONRA, GLÓRIA E LOUVOR SEJAM DADAS AO NOSSO DEUS TODO PODEROSO, HOJE E SEMPRE! AMÉM!"

14ª. MENSAGEM CRISTÃ
O MEU SOCORRO VEM DE DEUS!

GRAÇA E PAZ, AMADOS OUVINTES!

Por gentileza, neste momento, preciso compartilhar com você a mensagem: "O meu socorro vem de Deus", com base na passagem bíblica que diz o seguinte: "Elevo os meus olhos para os montes e pergunto: de onde me virá o socorro? O meu socorro vem do Senhor, que fez os Céus e a Terra" (Salmos 121:1-2). Por isso, nos momentos extremamente difíceis, o Pai Criador nunca nos deixa desamparados e aflitos, pois sabe das nossas lutas e fraquezas e nos valoriza e socorre nas horas do desespero e angústia, cicatrizando todas as nossas chagas, porque deseja nos ver sempre felizes!

Todavia, é preciso saber esperar o socorro no tempo de Deus. Isso faz toda a diferença entre ter a vitória de imediato e depois sofrer amargas perdas! Portanto, o socorro de Deus é sempre no momento certo, porque Ele sabe o que é melhor para nós!

Dessa forma, sugiro que você ore sempre e leia a Bíblia para receber as bênçãos que necessita! Contudo, também precisa perdoar todas as pessoas que te magoaram e te decepcionaram, bem como deve se arrepender dos seus pecados, a fim de receber a compaixão de Deus.

Todavia, **é necessário ser fiel e perseverante até o final da sua existência, conforme o versículo:** "Se fiel até à morte e dar-te-ei a coroa da vida." (Apocalipse 2:10). Amém!

E por conseguinte, Deus reconciliou o mundo consigo mesmo, através do seu filho. Por isso, para herdar a salvação eterna, é necessário Crer em Jesus Cristo, porque Ele é o único caminho que leva para os céus!

Então, você Crê e quer Recebê-lo? Se a sua resposta for SIM, então faça comigo a seguinte oração compartilhada de Confissão de Fé.

MEU JESUS CRISTO, TEM COMPAIXÃO DE MIM! EU TE RECEBO NA MINHA VIDA COMO O MEU LEGÍTIMO E SUFICIENTE SALVADOR E SENHOR! PEÇO PERDÃO DOS MEUS PECADOS E QUE ESCREVA O MEU NOME NO LIVRO DA VIDA. AGRADEÇO A DEUS A SALVAÇÃO PELA GRAÇA. A ELE SEJA TODA A HONRA, GLÓRIA E LOUVOR PARA SEMPRE. AMÉM!

15ª. MENSAGEM CRISTÃ
VOCÊ É UMA PESSOA AMADA E VITORIOSA!

GRAÇA E PAZ, AMADOS OUVINTES!

Eu preciso compartilhar com você a mensagem: "Você é uma pessoa amada e vitoriosa!". Conforme o seguinte texto bíblico: "Mas graças a Deus, que nos dá a vitória por nosso Senhor Jesus Cristo" (1Coríntios 15:57).

Então, sinta que o Senhor segura a sua mão e te fortalece, pois Ele é o único caminho para você conseguir as vitórias que tanto precisa, para ter saúde, paz e alegria. Contudo, não tenha nenhum medo, pois, mesmo que você encontre muitos obstáculos na sua jornada, receberás o apoio Divino!

Todavia, a melhor oração que você pode fazer para ser vitorioso é: "Deus mostra-me a sua vontade, me coloca no lugar certo e cumpre em mim o teu desejo!". Então, se consagre ao Senhor e você será bem-sucedido em todos os seus sonhos, porque Ele é poderoso para fazer muito mais do que pedimos ou imaginamos, visto que onde Jesus chega transforma as trevas em luz e a tristeza em risos. Glória a Deus!

Todavia, para herdar a salvação eterna, é necessário crer e receber pela fé Jesus Cristo! E, como seu discípulo, você precisa buscar a sua maravilhosa presença, perdoar a todos que te prejudicaram e segui-lo até o final da sua existência terrena!

Então, você crê e quer recebê-lo? Se a sua resposta for SIM, então faça comigo a seguinte oração compartilhada de Confissão de Fé:

"JESUS CRISTO, CONFESSO QUE PRECISO DE TI E TE RECEBO NA MINHA VIDA COMO O MEU ÚNICO E LEGÍ-

TIMO SALVADOR E SENHOR. PEÇO QUE PERDOE OS MEUS PECADOS, MOSTRA-ME A TUA VONTADE E ESCREVA O MEU NOME NO LIVRO DA VIDA, PARA UM DIA PARTICIPAR DO TEU REINO ETERNO. AGRADEÇO A DEUS A SALVAÇÃO PELA GRAÇA. A ELE SEJA DADA TODA A HONRA, GLÓRIA E LOUVOR PARA SEMPRE. AMÉM!"

16ª. MENSAGEM CRISTÃ
VOCÊ É MUITO PRECIOSO PARA DEUS!

GRAÇA E PAZ, AMADOS OUVINTES!

Nesse instante, preciso compartilhar com você a mensagem: "Você é muito precioso para Deus", visto que Ele enviou o seu filho Jesus Cristo para anunciar as boas novas do Evangelho, conforme lemos: "O tempo está cumprido, e o Reino de Deus está próximo. Arrependei-vos, e crede no evangelho" (Marcos 1:15). Contudo, essa foi a melhor notícia da vida! Sim, o Reino de Deus está próximo e, por esse motivo, é necessário valorizá-lo e buscá-lo de todo o nosso coração, pois somos templo do Espírito Santo! Aleluia!

Esse recado de Cristo envolve a salvação eterna da humanidade, incluindo você, que é um ser valioso e foi criado para glorificá-lo com sua vida e ser feliz!

Então, se alegre, porque você é muito especial para o Pai Celestial, que te ama, te valoriza, sabe do teu sofrimento e quer te abençoar e curar todas as suas feridas! Porém, é necessário buscar com sinceridade a sua gloriosa presença em oração e leitura da Bíblia Sagrada.

Todavia, esse é o seu momento de decisão, como vemos no seguinte versículo: "Buscai ao Senhor, enquanto se pode achar, invocai-O enquanto está perto" (Isaías 55:6).

Mas talvez você não acredite em mais nada, porque está vivendo um momento muito triste e não tem mais forças para lutar! Contudo, quero que você reflita comigo! Hoje, muitas pessoas desejaram abrir seus olhos, porém não conseguiram, porque estão mortas! E nós estamos aqui vivos! Aleluia!

Pois a vida é uma dádiva de Deus e uma grande vitória! Amém!
Porém, preciso lhe fazer uma pergunta muito pessoal:
"Se você morrer hoje, você sabe se irá para o Céu"?
Muitos dirão: sou jovem demais para pensar nisso agora!
Ou estou ocupado demais para pensar em Deus agora!
Portanto, eu te afirmo que hoje é o dia aceitável do Senhor!

Porque amanhã poderá ser muito tarde, é incerto e pertence a Deus!

Porém, hoje, Cristo quer te dar a salvação eterna!

Amados ouvintes, a humanidade foi criada para ser feliz eternamente! No entanto, devido ao pecado, afastou-se de Deus.

Todavia, pela sua infinita graça e misericórdia, Deus decidiu relacionar-se com as pessoas, para livrá-las da perdição eterna!

De que forma? movido pelo seu grande amor, criou um Plano de Redenção. O qual foi consumado pelo seu filho Jesus Cristo, que veio a este mundo, a fim de salvar a todos da perdição eterna!

Portanto, foi com essa atitude de amor e compaixão que Deus perdoou o pecador. Por isso, todo o cristão precisa ter um coração perdoador também, visto que perdoar é divino e tão necessário, mesmo que seja extremamente difícil! Porque o perdão é condicional, como vemos na Oração do "Pai Nosso", onde está escrito "E perdoa-nos as nossas dívidas, assim como nós perdoamos aos nossos devedores" (Mt.6:12).

Portanto, o perdão é muito importante e de mão dupla: você perdoa a pessoa e Deus te perdoa! Contudo, você deve reconhecer os seus pecados e se arrepender, como também perdoar quem te prejudicou, jogando fora o fardo com o veneno que carrega consigo há muito tempo, para não correr o risco de perder a sua Salvação Eterna!

Todavia, a vida eterna está à sua disposição! Porém, é preciso buscá-la através de Jesus Cristo, como vemos: "Porque todos pecaram e destituídos estão da glória de Deus: sendo justificados gratuitamente pela sua graça, pela redenção que há em Cristo Jesus" (Romanos 3:23-24).

Portanto, Deus reconciliou o mundo consigo mesmo, através de Cristo, que nos substituiu naquela cruz e pagou os nossos pecados com preço de sangue!

Por isso, Jesus Cristo **é o único meio de salvação, conforme ele próprio disse:** "Eu sou o Caminho a Verdade e a Vida. Ninguém pode vir ao Pai, senão por mim" (João 14:6). Pois Cristo é a Senha para a Vida Eterna! **Não existe outro caminho, porque é somente pela graça de** Deus, mediante a fé em Cristo, conforme está escrito: "Porque, pela graça, sois salvos, por meio da fé; e isto não vem de vós, é dom de Deus" (Efésios 2:8).

Porém, a Salvação é individual, porque existe o livre-arbítrio. Mas é necessário ser fiel e perseverante até o final da vida, conforme o versículo: "Se fiel até à morte e dar-te-ei a coroa da vida." (Apocalipse 2:10).

Contudo, hoje Cristo te chama com eterno amor! Este é o dia aceitável do Senhor! Conforme afirmou: "Eis que estou a porta e bato. Se alguém ouvir a minha voz e abrir a porta, entrarei e cearei com ele, e ele comigo" (Apocalipse.3:20).

Contudo, veja que incrível! O próprio Jesus faz um convite de amor, para você obter a salvação da sua alma! E não é necessário pagar promessas, porque somos justificados pela fé em Cristo! Aleluia!

Todavia, tudo o que você precisa fazer para receber a salvação eterna é simplesmente Crer em Cristo!

Você Crê e quer recebê-lo na sua vida? Se a sua resposta for SIM, então te convido para fazer comigo uma oração compartilhada de Confissão de Fé:

"JESUS CRISTO, EU CONFESSO QUE PRECISO DE TI E TE RECEBO NO MEU CORAÇÃO COMO O MEU LEGÍTIMO E SUFICIENTE SALVADOR E SENHOR! PEÇO PERDÃO DOS MEUS PECADOS E QUE ESCREVA O MEU NOME NO LIVRO DA VIDA, PARA UM DIA PARTICIPAR DO TEU REINO ETERNO. AGRADEÇO A DEUS A SALVAÇÃO PELA GRAÇA. A ELE SEJA DADA TODA A HONRA, GLÓRIA E LOUVOR PARA SEMPRE! AMÉM!"

17ª. MENSAGEM CRISTÃ
A IMPORTÂNCIA DO PERDÃO!

GRAÇA E PAZ, AMADOS OUVINTES!

Por gentileza neste instante, venho pedir vossa atenção, para juntos meditarmos na mensagem sobre "A importância do Perdão!".

Porque, o perdão deve ser praticado diariamente pelos cristãos, visto que é um ato muito sério e necessário!

Portanto, **o próprio** Cristo nos deixou muitos exemplos de perdão. Um deles foi quando perdoou todos os seus algozes na Cruz do Calvário e ainda os defendeu, como está registrado: "Pai perdoa-lhes, porque não sabem o que fazem" (Lucas.23:34). Como também, perdoou e presenteou o ladrão da cruz, com o direito ao Paraíso, quando disse: "Em verdade te digo que hoje estarás comigo no Paraíso!" (Lucas.23:43). Contudo, veja que o perdão é condicional. É necessário perdoarmos todas as pessoas que nos prejudicaram, pois, se não perdoarmos, Deus não poderá nos liberar perdão! Entretanto, perdoar não significa que você concordou com o erro do outro. Mas é uma atitude inteligente, porque você fica livre daquele fardo pesado cheio de veneno.

Então, por mais difícil que seja, perdoe!

Todavia, não é fácil perdoar, nem a nós mesmos! Porém, é uma condição para o cristão obter a salvação eterna, porque Deus é compassivo e nos perdoa, deixando os nossos pecados no esquecimento!

Então, ao perdoamos, entregamos os nossos direitos ao Pai Celestial, que tem todo o poder de julgar, porque nós não somos juízes de ninguém.

Por conseguinte, é importante saber que a Bíblia é a palavra de Deus e que revela a nós a sua vontade. Por isso, sugiro que você busque diariamente a sua maravilhosa presença e leia a Bíblia também!

Todavia, Deus **é um Pai misericordioso, que te valoriza e quer te ver sempre feliz!** Portanto, foi assim que, pelo seu imenso amor, planejou a salvação da humanidade, através de Cristo, conforme vemos: "Porque Deus amou o mundo de tal maneira que deu o seu filho unigênito, para que todo aquele que Nele crê não pereça, mas tenha a vida eterna" (João 3:16).

E por esse motivo, o seu filho Jesus deixou o seu trono Celestial na Glória e veio a este mundo. Foi humilhado e, tendo padecido naquela rude cruz de madeira, morreu no nosso lugar, a fim de resgatarmos do pecado e da morte eterna. Mas, ao terceiro dia, ressuscitou, e está a destra do Pai Criador, e um dia voltará para estar com os seus escolhidos para sempre. Aleluia!

Todavia, o ser humano é justificado tão somente pela Fé, e não pelas obras da lei, para que ninguém se glorie, conforme está escrito: "E em nenhum outro há salvação, porque também debaixo do Céu nenhum outro nome há dado entre os homens, pelo qual devamos ser salvos" (Atos 4:12).

Portanto, Cristo **é o nosso passaporte para o céu!** Glória a Deus!

Diante disso, te pergunto: você tem um coração perdoador? E tem certeza da sua Salvação Eterna?

Pois, para receber a Salvação Eterna, é preciso perdoar sempre, conforme está escrito: "Se confessarmos os nossos pecados, ele é fiel e justo para perdoar os nossos pecados e nos purificar de toda injustiça" (I João 1:9).

Por isso, perdoe sempre!

Todavia, neste momento, Jesus te convida para herdar a vida Eterna com Ele. Você quer? Então, reflita comigo: você já imaginou quantos familiares e amigos precisam se inspirar em você para também buscar a Salvação eterna em Cristo e viver um dia contigo nos Céus?

A vida terrena é temporária, passa muito rápida, conforme vemos: "O homem é como um sopro; seus dias são como a sombra passageira" (Salmo 144:4). Desse modo, a Bíblia também relata: "Tu és pó e ao pó tornarás" (Gênesis 3:19). Porém, o Espírito voltará a Deus que o deu.

Por isso, o Senhor já preparou um futuro Eterno para os seus!

Porém, mais uma vez, eu afirmo o quanto é importante perdoar os seus opressores! Como também fazer uma declaração de amor a Jesus, conforme vemos; "Se você confessar com a sua boca que Jesus Cristo é Senhor e crer em seu coração que o Deus ressuscitou dentre os mortos, será salvo" (Romanos 10:9). Então, aproveite este precioso momento e, com humildade, confesse a Deus os seus pecados, pedindo perdão em nome de Jesus Cristo.

Todavia, Deus te chama para o grande banquete, que é a salvação eterna, visto que o pecado já foi consumado na cruz do Calvário, para sermos livres da condenação eterna.

Então, você quer sentar-se à mesa com Ele? Pode vir! Ainda há lugares!

Porque o propósito da nossa fé é herdar a vida eterna com Cristo! Aleluia!

Contudo, **é necessário ser fiel e perseverante até o final da sua existência terrena,** conforme está escrito: "Se fiel até à morte, e dar-te-ei a coroa da vida." (Apocalipse 2:10).

Portanto, neste instante, aproveito esta oportunidade para te fazer a seguinte pergunta: você quer receber Jesus Cristo na sua vida?

Se a tua resposta for POSITIVA, te convido para juntos compartilharmos a seguinte oração de Confissão de Fé:

"JESUS CRISTO, TEM MISERICÓRDIA DE MIM! EU TE RECEBO NA MINHA VIDA COMO O MEU LEGÍTIMO, ÚNICO E SUFICIENTE SALVADOR E SENHOR! PERDOA OS MEUS PECADOS E ESCREVE O MEU NOME NO LIVRO DA VIDA. AGRADEÇO A DEUS A SALVAÇÃO PELA GRAÇA. A ELE SEJA DADA TODA A HONRA, GLÓRIA E LOUVOR PARA SEMPRE. AMÉM!"

18ª. MENSAGEM CRISTÃ
CREIA NO MILAGRE DE DEUS PARA A SUA VIDA

GRAÇA E PAZ, AMADOS OUVINTES!

Neste momento, preciso compartilhar com você a mensagem: "Creia no milagre de Deus para a sua vida!".

Portanto, na vida podemos duvidar das pessoas e até de nós mesmos! Mas de Deus nunca duvide, porque Ele sempre cumpre todas as promessas feitas a seus filhos!

Diante disso, **tão somente creia, sem duvidar** que o teu milagre vai chegar! Porque Deus zela pela sua palavra, como vemos: "E disse-me o SENHOR: viste bem: porque eu velo sobre a minha palavra para cumpri-la" (Jeremias 1:12).

Todavia, a nossa palavra está ligada ao nosso caráter e tem prazo de validade, ela vale enquanto vivemos na Terra! Porém, a palavra de Deus é eterna, por isso, tome posse do teu milagre, porque Deus honra aqueles que confiam Nele e realiza o desejo do seu coração! Aleluia!

Contudo, é necessário que você reconheça que é pecador e peça perdão de seus pecados, bem como perdoe aqueles que te prejudicaram, porque o perdão é condicional: Deus te perdoa e realiza o teu milagre, mas você precisa mostrar a atitude de sempre perdoar o seu próximo, por mais difícil que seja!

Desse modo, também precisa reconhecer que Cristo **é o único caminho para herdar a salvação eterna**, visto que a salvação é pela graça de Deus mediante a fé em Jesus Cristo. Diante disso, eu te pergunto: você quer receber Jesus Cristo na sua vida?

Se a tua resposta for POSITIVA, te convido para juntos compartilharmos a seguinte oração de Confissão de Fé:

"JESUS CRISTO, CONFESSO QUE PRECISO DE TI E TE RECEBO NA MINHA VIDA COMO O MEU LEGÍTIMO E SUFICIENTE SALVADOR E SENHOR! PEÇO PERDÃO DOS MEUS PECADOS E QUE ESCREVAS O MEU NOME NO LIVRO DA

VIDA, PARA UM DIA PARTICIPAR DO TEU REINO ETERNO. AGRADEÇO A DEUS A SALVAÇÃO PELA GRAÇA. A ELE SEJA DADA TODA A HONRA, GLÓRIA E LOUVOR PARA SEMPRE! AMÉM!"

19ª. MENSAGEM CRISTÃ
O ESPÍRITO SANTO DE DEUS, NA VIDA DO CRISTÃO!

GRAÇA E PAZ, AMADOS OUVINTES!

Por favor, neste momento, preciso da vossa atenção para compartilhar com você a mensagem: "O Espírito Santo de Deus, na vida do Cristão". Portanto, Cristo, antes de retornar aos Céus, preocupou-se em não deixar os seus discípulos órfãos e prometeu-lhes o Espírito Santo de Deus, o Consolador, para lhes ajudar na caminhada cristã. E assim ocorreu, conforme vemos: "E eu rogarei ao Pai, e Ele vos dará outro Consolador, para que fique convosco para sempre!" (João14:16). Portanto, é de estrema importância a presença do Espírito Santo de Deus na vida de todos os Cristãos, porque a sua gloriosa presença te ajuda a enfrentar todas as batalhas das jornadas diárias. Glória a Deus!

Por conseguinte, Paulo Apóstolo também reconheceu a importância do Espírito Santo na vida dos Cristãos, quando disse: "Não sabeis vós que sois o Templo de Deus e que o Espírito de Deus habita em vós?" (I Coríntios 3:16).

Portanto, isso é maravilhoso, porque o Espírito Santo é sem dúvida o maior presente que o Pai Celestial nos deu, pois **é o** Espírito Santo que nos capacita para levar aos necessitados as boas novas do Evangelho, tendo em vista que somos o templo da habitação do Espírito Santo!

Embora a vida terrena tenha prazo de validade, seja passageira como a neblina e semelhante a um fio de fumaça que se desvanece no ar... **é necessário que todo o cristão tenha uma vida exemplar, através de orações, súplicas e leitura Bíblica, tendo as boas obras como consequência da sua vida exemplar, visto que somos cartas abertas que iluminam a escuridão do mundo!**

Todavia, também, temos a promessa de Vida Eterna, conforme disse Jesus: "Na verdade, na verdade vos digo que quem houve a minha palavra e crê Naquele que me enviou tem a vida eterna e não entrará em condenação, mas passou da morte para a vida" (João 5:24). Desse modo, a salvação é pela Fé e graça de Deus. Contudo, é necessário confessar os pecados, se arrepender e liberar perdão a todas as pessoas que te prejudicaram, porque é pela graça de DEUS que somos justificados em Cristo pela Fé, como vemos: "Se, com a tua boca, confessares JESUS como SENHOR e, em teu coração, creres que Deus o ressuscitou dentre os mortos, serás Salvo! (Romanos 10:9).

Diante disso, te convido a refletir! Se você morrer hoje, você tem certeza da sua salvação eterna com Deus? A escolha é sua, visto que só existe um único Caminho criado por Deus, através do seu Plano Eterno de Redenção, que reconciliou o mundo consigo mesmo, para livrá-lo da perdição eterna, razão pela qual Cristo assumiu o pecado da humanidade, através de seu sacrifício vicário na Cruz, morte e ressurreição.

Então, o único caminho para a salvação eterna é através de Cristo, o qual declarou: "Eis que estou à porta e bato; se alguém ouvir a minha voz e abrir a porta, entrarei em sua casa, e com ele cearei, e ele comigo" (Apocalipse 3:20).

Então, a melhor escolha a fazer, é abrir a porta da sua vida e convidar Jesus Cristo, para entrar na sua vida para fazer morada. Contudo, **é necessário ser fiel e perseverante até o desfecho final da sua vida terrena, conforme o versículo:** "Se fiel até à morte, e dar-te-ei a coroa da vida." (Apocalipse 2:10).

Portanto, Deus te deu a vida eterna através de seu filho. E tudo o que você precisa é fazer uma aliança de fé. Você CRÊ e quer recebê-lo na sua VIDA?

E se a sua resposta for SIM, entregue sua vida a Cristo e faça comigo a seguinte oração compartilhada de CONFISSÃO DE FÉ. Como? Você repete comigo a seguinte oração, palavra por palavra, mas para Jesus:

"JESUS CRISTO, TEM MISERICÓRDIA DE MIM, QUE SOU FRÁGIL E PECADOR! EU TE RECEBO NA MINHA VIDA COMO O MEU ÚNICO, LEGÍTIMO E SUFICIENTE SALVADOR E SENHOR. PEÇO QUE PERDOE OS MEUS PECADOS E ESCREVA O MEU NOME NO LIVRO DA VIDA, PARA UM DIA PARTICIPAR DO TEU REINO ETERNO. A DEUS TODA A HONRA, GLÓRIA E LOUVOR PARA SEMPRE. AMÉM!"

20ª. MENSAGEM CRISTÃ
VOCÊ É UM ELEITO DE DEUS PARA BRILHAR NESTE MUNDO!

GRAÇA E PAZ, AMADOS OUVINTES!

Neste instante, quero compartilhar com você a mensagem: "você é um eleito de Deus para brilhar neste mundo!". Conforme lemos: "Mas vós sois a geração eleita, o sacerdócio real, a nação santa; o povo adquirido, para que anuncieis as virtudes daquele que vos chamou das trevas para a sua maravilhosa luz" (I Pedro, 2:9). Por isso, você é o escolhido do Senhor, que foi criado para iluminar a escuridão do mundo, levando as boas novas do Evangelho aos quatro cantos deste planeta, para ajudar a salvar a humanidade perdida! Todavia, é necessário que sua vida esteja à disposição do Senhor, alinhada com os seus proposito e de acordo com sua vontade para que você seja bem-sucedido, pois, quando Deus te criou, já te preparou sob medida, para a conexão com um propósito maior que você mesmo! Então, pare de fugir e resistir ao chamado para evangelizar, porque não dá para negociar com Deus, visto que a missão que tem para você envolve a tua história, os teus talentos e dons! Então, não tente ser o autor da sua própria história, mas se renda aos seus pés, porque todos são chamados e poucos escolhidos e você foi escolhido! Glória a Deus!

Portanto, você é muito especial e Deus depositou a confiança em ti para exercer a mais sagrada missão de cumprir o "IDE" de Jesus Cristo, a fim de levar a salvação eterna aos bilhões de perdidos! Isso é extraordinário, não acha? Então, decida, acelere ou fique paralisado e frustrado o resto da sua vida! Você resolve! Porém, reflita bem sobre o seu chamado!

Diante disso, te convido para juntos fazermos uma oração de entrega!

"JESUS CRISTO, TÚ ÉS O MEU SALVADOE E SENHOR E RECONHEÇO QUE SOU FRÁGIL E PECADOR! TODAVIA, TE CONVIDO PARA FAZER PARTE DA MINHA VIDA! PEÇO QUE APAGUE O MEU PASSADO, ESCREVA O MEU NOME NO LIVRO DA VIDA E, POR FAVOR, DÁ-ME SABEDORIA E CAPACIDADE PARA SER SEU DISCÍPULO, A FIM DE LEVAR AS BOAS NOVAS DO EVANGELHO ÀS PESSOAS, PARA CUMPRIR COM EXCELÊNCIA A MISSÃO QUE ME CONFIASTE! DESDE JÁ, AGRADEÇO AS BÊNÇÃOS E A SUA PRECIOSA PRESENÇA NA MINHA VIDA! E A DEUS TODA A HONRA, GLÓRIA E LOUVOR PARA TODO O SEMPRE! AMÉM!"

21ª. MENSAGEM CRISTÃ
É PÁSCOA! JESUS CRISTO RESSUSCITOU!

GRAÇA E PAZ, AMADOS OUVINTES!

Neste momento, preciso compartilhar com você a mensagem: "É Páscoa! Jesus Cristo ressuscitou!". ALELUIA!

Portanto, a palavra Páscoa, em hebraico, significa "passagem", isto é, a celebração da saída do povo hebreu da escravidão do Egito para a liberdade!

Contudo, para o Cristianismo, a palavra Páscoa é uma das festividades mais importante, porque relembra a crucificação, morte e ressurreição de Jesus Cristo, o qual veio libertar o seu povo da escravidão do pecado e salvá-lo para a vida eterna nos céus!

Todavia, esse fato ocorreu, porque o amor de Deus é simplesmente magnânimo, como vemos: "Porque Deus amou o mundo de tal maneira que deu o seu filho unigênito, para que todo aquele que nele crê não pereça, mas tenha a vida eterna!" (João 3:16). Portanto, foi o cumprimento do "Plano de Redenção", do Pai Celestial, realizado através do Messias Jesus Cristo, que nasceu numa estrebaria, foi humilhado, flagelado, julgado, condenado, crucificado numa cruz e, a seguir, os homens o mataram! Parecia o fim de tudo! Porém, era só o começo da grande vitória! Mas Jesus Cristo ressuscitou ao terceiro dia. Glória a Deus! Conforme lemos: "Ele não está aqui, porque ressuscitou, como tinha dito. Vinde e vede o lugar onde o Senhor jazia!" (Mateus 28:6). Aleluia! O túmulo estava vazio! Glória a Deus!

Diante disso, Cristo recebeu do Pai todo o poder para conceder a salvação eterna para todos os cristãos que o seguem em amor e santidade, até o final da sua existência! Em síntese, Páscoa significa passagem da escravidão para a liberdade, das trevas para a luz, do ódio para o verdadeiro amor. Por isso, é necessário vivermos a Páscoa todos os dias da nossa vida! Amém!

Então, Ele vive para sempre e renova cada manhã as nossas esperanças e, assim, podemos crer e vislumbrar um futuro fascinante, quando estaremos eternamente junto com Deus Pai e seu filho Jesus Cristo nos céus! Glória a Deus!

Você crê e quer recebê-lo na sua vida? Se a sua resposta for SIM, te convido, neste instante, para fazer comigo uma oração de Confissão de Fé.

"JESUS CRISTO, TEM PIEDADE DE MIM! EU TE RECEBO NA MINHA VIDA COMO O MEU LEGÍTIMO E SUFICIENTE SALVADOR E SENHOR! PEÇO PERDÃO DOS MEUS PECADOS E QUE ESCREVA O MEU NOME NO LIVRO DA VIDA, PARA UM DIA PARTICIPAR DO TEU REINO ETERNO. AGRADEÇO A DEUS A SALVAÇÃO PELA GRAÇA. A ELE SEJA DADA TODA A HONRA, GLÓRIA E LOUVOR PARA SEMPRE! AMÉM!"

CONCLUSÃO

No decorrer da nossa existência, precisamos avaliar com transparência as nossas atitudes e escolhas feitas na vida, para, assim, refletir e tornar-se uma pessoa melhor e mais parecida com Jesus Cristo!

Pois, ao olhar no espelho, devemos questionar: será que, na minha vida cristã, estou fazendo a diferença neste mundo? E será que sinto amor e compaixão pelo meu próximo? E a minha luz brilha ao redor das pessoas que precisam de mim? Será que vou deixar saudades? Qual é o legado espiritual que deixarei para os meus familiares, amigos e ao meu próximo?

Contudo, será que sou um cristão exemplar alinhado com os propósitos de Deus? E será que sou ousado, para contribuir com o crescimento do Reino Eterno, ao ponto de ter impactado as pessoas ao evangelizar, fazendo as perguntas, como: "Se você morrer hoje, você vai para o Céu?" Este é o seu tempo de decisão...

Porque disse Jesus: "Assim resplandeça a vossa luz diante dos homens, para que vejam as vossas boas obras e glorifiquem ao vosso Pai que está nos Céus" (Mateus 5:16). Sim, acredito que evangelizar deve ser o maior ministério na vida dos cristãos!

Em síntese, creio que é o grande propósito que todo o cristão deve ter, pois, quando ficamos disponíveis, somos capacitados pelo Espírito Santo de Deus para executar essa gloriosa Missão do "IDE", de Jesus Cristo.

Portanto, a vida terrena tem prazo de validade. Então, o maior tesouro da vida é Salvação Eterna com Deus! Aleluia!

Que o Pai Celestial te abençoe poderosamente! Amém!

Capítulo V

A CAPELANIA CRISTÃ E OS CUIDADOS PALIATIVOS

Um coração alegre é um bom remédio,
mas um espírito abatido seca os ossos.
(Prov. 17:22)

1 Introdução

A Capelania Cristã de Cuidados Paliativos auxilia pacientes e seus familiares, através do apoio espiritual com mensagens bíblicas, que ajudam no enfrentamento da doença incurável, proporcionando-lhes paz ao coração.

2 Definição

Os Cuidados Paliativos são definidos pela Organização Mundial da Saúde (OMS) como sendo: "Uma abordagem que melhora a qualidade de vida de pacientes adultos, crianças e familiares, que enfrentam problemas associados às doenças que ameaçam a vida".

O termo "paliativo" vem do latim *pallium*, que significa "capa", "manto", "tapar", "encobrir". Entretanto, pode-se dizer que Cuidados Paliativos são conjuntos de ações assistenciais em saúde realizadas para pessoas que apresentam uma situação grave e avançada de determinada doença, sem prognóstico de cura.

O Comitê das Organizações de Acreditação dos Cuidados em Saúde reconhece que os pacientes que apresentam valores espirituais respondem ao tratamento de maneira positiva. Por isso, recomenda às instituições de saúde que tratem e valorizem as necessidades espirituais dos doentes.

3 O que são pacientes terminais?

A definição de paciente terminal é: "Aquele acometido de uma doença para a qual não há cura. Isto é, a doença não responde ao tratamento médico e só piora, causando a morte".

4 Os princípios que regem a atuação da Equipe Multiprofissional de Cuidados Paliativos, segundo a OMS

1. promover o alívio da dor e outros sintomas desagradáveis;
2. afirmar a vida e considerar a morte como um processo normal da vida;
3. não acelerar, nem adiar a morte;
4. integrar os aspectos psicológicos e espirituais no cuidado ao paciente;
5. oferecer um sistema de suporte que possibilite ao paciente viver tão ativamente quanto possível, até o momento da sua morte;
6. oferecer sistema de suporte para auxiliar os familiares durante a doença do paciente e a enfrentar o luto;
7. abordagem multiprofissional para focar as necessidades dos pacientes e seus familiares, incluindo acompanhamento no luto;
8. melhorar a qualidade de vida e influenciar positivamente o curso da doença;
9. deve ser iniciado o mais precocemente possível, juntamente com outras medidas de prolongamento da vida, como a quimioterapia e a radioterapia, e incluir todas as investi-

gações necessárias para melhor compreender e controlar situações clínicas estressantes.

Por conseguinte, a atuação do capelão é muito importante. Deve prestar apoio espiritual, ouvir e auxiliar o enfermo a encontrar paz e segurança, através da sua crença e comunicação com Deus.

5 Cuidados paliativos para pacientes terminais

Quando o paciente toma conhecimento de que a medicina não conseguiu curar sua enfermidade, fica perplexo! Por isso, o capelão poderá ajudar o paciente e seus familiares a valorizarem os momentos que restam para passarem juntos; com um olhar de gratidão a Deus por ter essa pessoa como um presente e, assim, desfrutar de momentos alegres, ainda que temporários, dando-lhes força e coragem, até o desenlace final.

6 Como agir diante de pacientes terminais?

Os pacientes terminais precisam ser mantidos com qualidade de vida, sem dor, até o fim. Porém, nesses casos, é muito importante a atuação da Capelania Cristã, que ajuda o paciente a buscar seu bem-estar e reflexão sobre o significado da vida e seus propósitos. Por isso, muitas pessoas gravemente enfermas ou em fase terminal falam ter descoberto uma riqueza, que é o "preenchimento do vazio" na sua vida, e que nunca haviam sentido isso antes; e assim ficam mais tranquilas e conformadas com sua situação, até o desfecho final.

Por sua vez, a equipe de saúde também pode receber o suporte do capelão, tendo em vista que passa por situações de estresse pessoal, devido à perda de seus pacientes.

7 Como o paciente reage ao perceber que sua morte está próxima?

Apresento o estudo sobre as reações do paciente em fase terminal, feito pela Dr.ª Elizabeth Kübler-Ross, que as dividiu em **cincos estágios**, pelos quais o paciente passa:

1.º Negação: nesse estágio, a pessoa fica muito chocada com a notícia, imagina que não deve ser verdade e que houve engano no diagnóstico. A negação é um mecanismo de defesa, normal.

Atuação do capelão: é importante acompanhar com paciência e simpatia essa fase. O paciente está começando a entender e aceitar a verdade sobre sua enfermidade.

2.º Revolta: o paciente sente-se desamparado e passa a perguntar: "Por que eu?", "Por que Deus me abandonou?". Fica numa situação de muito desespero, medo e revolta.

Atuação do capelão: precisa demonstrar-se sensível ao desabafo do paciente e deve mais escutar do que falar, porque é compreensível a revolta que sente.

3.º Barganha: o paciente passa a desejar pelo menos "um tempinho" a mais para realizar alguns desejos. Esse estágio é chamado de "pequena trégua".

Situações: a Dr.ª Kübler-Ross notou que a maioria das barganhas são feitas com Deus e confessadas a alguém de sua confiança, como o capelão, através de uma declaração ou confissões sobre sua vida, tendo em vista que deseja corrigir alguns erros que cometeu, por sentir-se culpado. Exemplos: "Se Deus me der mais tempo, vou me dedicar à Igreja" e/ou "Vou me dedicar mais à família".

Atuação do capelão: precisa estar pronto a ouvir essas confissões e ajudar o paciente a receber o perdão de Deus e a perdoar, bem como a reconciliar-se com os outros e consigo mesmo. Tudo isso tem grande valor espiritual e alívio no preparo para a morte que se aproxima.

4.º Depressão: nessa fase, o paciente se desliga de tudo e aceita a situação que está vivendo. Porém, fica triste e discorda dos cuidados que lhe são oferecidos, evita ver pessoas, até mesmo familiares.

Atuação do capelão: deve estar vigilante e levar a sério essa depressão, podendo ajudá-lo com Mensagens Cristãs e orações.

5.º Aceitação: fica conformado. É a aceitação da sua realidade. Isso ocorre em geral com pessoas que acreditam estarem salvas por Cristo e que um dia vão morar no Céu com Ele.

Atuação do capelão: deve ouvir o paciente para ajudá-lo sobre seus últimos pedidos, como qualquer confissão ou declaração. Ele está se preparando para morrer em paz.

A fase de **Decatexia** é o último estágio da doença. Fica mais silencioso. Entretanto, pode parecer absurdo, mas ele coloca sua fé em ação e tem esperança quase irracional de que possa ser curado e ficar livre da morte. E podem mesmo acontecer milagres, que não se explicam, mas ocorrem!

Atuação do capelão: ao visitar um doente terminal na fase de decatexia, precisa saber se está lúcido e se pode ouvir e conversar. A fim de decidir quais intervenções realizar para ajudar o paciente e seus familiares. Porém, deverá manter sempre uma atitude positiva e se preocupar com a salvação eterna do paciente, utilizando-se de estratégias. Exemplo: convidá-lo a fazer uma oração compartilhada de Confissão de Fé em Jesus Cristo. Caso não seja possível naquele momento, orientar o familiar a fazê-lo, quando estiver acordado ou mais lúcido, e deixe como exemplo um folheto evangelístico que contenha a referida oração.

8 Situações que precisam da intervenção do capelão

Por exemplo, uma pessoa muito enferma e lúcida poderá perguntar ao capelão: "Irmão, eu vou morrer?". É uma pergunta muito delicada. Nessa situação, é melhor devolver a pergunta: "Por quê?" ou "Quem lhe falou isso?". Assim sendo, a seguir faz-se a intervenção, com mensagens bíblicas sobre consolo.

Todavia, poderão ocorrer outras circunstâncias, como: vítimas que sofreram acidentes graves ou encontram-se em fase terminal e ambas estão lúcidas, mas com medo de enfrentar a morte. O que fazer?

Em qualquer um dos casos, primeiro é necessário acalmá-las, citando versículos de conforto espiritual, como: "Deus é o meu refúgio e fortaleza..." (Salmos 46:1-3); "Elevo os meus olhos para os montes: de onde me virá o socorro?..." (Salmos 121:1-2).

No entanto, se houver pouco tempo, o capelão precisa ir direto ao ponto que interessa naquele momento, que é levar a Salvação

Eterna ao paciente! Deve apresentar, sem mais demora, Jesus Cristo como o Salvador e Senhor como solução para herdar a Salvação Eterna e dizer-lhe que Cristo se importa com ele, conforme vemos: "Eis que estou à porta e..." (Apocalipse 3:20).

Logo após, deve fazer o apelo ao paciente para receber Jesus em seu coração e falar da importância da declaração de Confissão de Fé, conforme vemos na passagem bíblica: "Se confessares, com a tua boca que Jesus Cristo é Senhor..." (Rom. 10:9-10).

E finalmente convidá-lo para fazer uma oração compartilhada de Confissão de Fé a Cristo, preparando-o para o desfecho final.

Conclusão

Sabe-se que muitos enfermos de Cuidados Paliativos confessam ter uma "dor na alma" que nenhum medicamento pode aliviar ou curar. Porém, outros sofrem de complexo de culpa, de ódio, desejo de vingança, solidão, ansiedade, medo e outros problemas emocionais e espirituais.

Por isso, a equipe da Capelania Cristã deve fazer tudo que estiver ao seu alcance e ministrar mensagens evangelísticas de esperança da Salvação Eterna, que certamente ajudarão o paciente a viver bem e em paz com todos. Esse é o momento ideal para levar "as boas novas", aos seus familiares e prestar-lhes apoio até o desenlace final.

Capítulo VI

OS SETORES DE ATUAÇÃO DA CAPELANIA CRISTÃ

Amados, amemos uns aos outros, pois o amor procede de Deus... (1 João 4:7)

1 Introdução

A Capelania Cristã tem como princípios o amor ao próximo e a evangelização. Entretanto, os setores de atuação **são muitos**. Por isso, anteriormente, tratamos sobre Capelania Cristã hospitalar e ambulatorial. Porém, neste capítulo, abordaremos alguns setores mais vivenciados no momento, como: a Capelania Cristã domiciliar, a infantil, do idoso, escolar, prisional, do acolhimento e do luto.

Assim, são apresentadas as abordagens práticas da atuação de cada setor, com suas orientações específicas, que poderão ser adaptadas a outras situações, conforme conteúdos a seguir:

1 Capelania Cristã domiciliar

É Ele que perdoa todos os seus pecados e cura todas as suas doenças. (Salmos 103:3)

a) Definição

A Capelania Cristã domiciliar é um ministério de apoio espiritual humanitário solidário, realizado junto ao paciente e seus familiares, em sua residência. O atendimento pode ocorrer de duas formas: a pedido da equipe médica, por ocasião da alta hospitalar, ou através do paciente ou dos próprios familiares.

Entretanto, muitos desses pacientes encontram-se em tratamento paliativo, porém retornam aos seus domicílios, visando melhorar sua qualidade de vida, junto aos seus familiares.

b) A prática da Capelania Cristã domiciliar

Portanto, ao visitar o paciente, muitas vezes, é importante somente sentar-se ao seu lado e ouvi-lo. As visitas devem ser breves e frequentes; o trabalho do capelão deve ser bem sutil e discreto:

- para iniciar a abordagem, os capelães devem entrar em contato com os familiares do paciente, esclarecendo o propósito da Capelania domiciliar;

- ligar antes, para confirmar se poderá ir naquele dia agendado, porque podem ocorrer imprevistos;

- apresentar-se sempre com muita simpatia, usando o jaleco como identificação;

- para a visitação, é necessária no mínimo a presença de dois capelães;

- analisar o ambiente e se identificar ao chegar, falar baixo e sempre lembrar-se de que você é o hóspede;

- o capelão ao visitar o paciente deve escutá-lo, bem como aos seus familiares, com paciência, discernimento e amor;

- evite envolver-se em disputas e discussões familiares;

- é importante perguntar sobre alguma necessidade da família e se propor a fazer o possível para orientá-la e/ou ajudá-la;

- quando prometer algo, cumpra as promessas, no tempo combinado;

- procure trazer em cada visita alguma novidade, algo novo, seja uma revista ou informações de interesse do paciente;

- procure escutar sem interrompê-lo e fale pouco;

- esteja informado sobre as últimas descobertas para alívio da doença que ele enfrenta. Anime-o;

- facilite o contato dele com outros pacientes em situações semelhantes, em seus domicílios, os quais poderão desenvolver amizade;

- e a seguir apresente a mensagem bíblica, que deve conter: consolo, perdão, salvação e a oração compartilhada de Confissão de Fé em Cristo;

- no final da primeira visita, é importante oferecer literatura cristã ou os folhetos evangelísticos;

- ao término do atendimento, agradecer a atenção de todos e verificar se o paciente e família desejam recebê-los novamente. Em caso de continuidade, já deixe agendada a próxima visita.

2 Capelania Cristã infantil

Deixai vir a mim as crianças, e não as impeçais; porque das tais é o Reino de Deus.
(Marcos 10:14)

a) Definição

A Capelania Cristã infantil tem como principal propósito levar o consolo à criança enferma, em internação hospitalar ou em situação de vulnerabilidade, em orfanatos e/ou outros ambientes, bem como aos seus familiares, prestando apoio emocional e espiritual.

b) As características da criança

A palavra criança vem do latim *creantia*. São chamadas recém-nascidas do nascimento até um mês de idade, bebês do nascimento até 2 anos e crianças dos 2 anos até os 12 anos.

c) A prática da Capelania Cristã infantil

Nesse processo doloroso em que se encontra a criança, é muito importante conversar primeiro com seus pais ou responsáveis, explicar os objetivos da Capelania Cristã e pedir permissão para iniciar o trabalho com a criança.

O capelão tem a função de ouvir, procurar compreender, estender a mão, ganhar sua confiança e caminhar junto com ela. Por isso, é necessário conhecer o histórico da criança, idade, tipo de lazer que gosta etc., tendo em vista que, a partir da familiaridade com ela, se torna mais fácil fazer o trabalho de evangelismo e aconselhamento, como:

- visita leito a leito: oportunidade para a criança expressar seus sentimentos e falar sobre o tratamento;
- pode contar histórias simples;
- utilizar bonecos, vídeos e outros recursos necessários;
- músicas curtas e de fácil memorização;
- quebra-cabeças com versículos bíblicos;
- trabalhos manuais e outros de interesse da criança;
- quando possível e agendado, promover a visita de animais domésticos, para interagirem com as crianças.

Observação: se houver no local acompanhamento de psicólogos e/ou *recepcionistas,* o trabalho do capelão se restringirá somente ao apoio espiritual, com mensagens do amor de Deus.

Nota: tomar cuidado com as músicas e histórias, que devem ser selecionadas e adequadas à idade de cada criança. A criança deve sentir-se livre para falar o que quiser, inclusive sobre a morte, e precisa ser encorajada a confiar em Deus.

d) Temas utilizados

- Respostas bíblicas aos sentimentos como: medo, ansiedade, tristeza e solidão;
- Cultivo de amizades em ambientes novos;
- O amor de Deus através de Jesus Cristo.

e) As histórias devem ser adaptadas à idade e ambiente da criança

- A história deve ser curta e contada de forma simples e objetiva;
- Ao final de cada história, deverá apresentar uma boa aplicação imediata à sua realidade;
- Plano de Salvação em Cristo sempre deverá ser apresentado à criança e ao seu acompanhante, de forma simples, e de fácil compreensão.

Nota: a expressão "Não fique assim, logo vai passar!" não deve ser usada, visto que a criança tem o direito de sentir-se frustrada, triste e com medo.

O aviso que poderá estar na porta — "Visite-as! Mas não morra por elas" — é muito chocante e verdadeiro! Por isso, muito cuidado com a transferência do problema das crianças para si, a fim de não adoecer por elas.

3. Capelania Cristã para a Pessoa Idosa

*Com os idosos está a sabedoria,
e na abundância de dias, o entendimento. (Jó 12:12).*

*Ensina-nos a contar os nossos dias,
de tal maneira que alcancemos coração sábio. (Salmos 90:12)*

*Na velhice ainda darão frutos,
serão viçosos e vigorosos. (Salmos 93:14)*

*Não se desvie de um idoso, não o evite,
pois inevitavelmente chegará o dia em que ele estará no seu espelho.
(Pr. Daniel Ferreira)*

a) Introdução

A Capelania Cristã para a pessoa Idosa, é uma atividade realizada junto às pessoas com muitos anos de experiência de vida. Que amam conversar e precisam de um ouvido amigo para escutar suas lindas histórias e belas lições de vida!

Todavia, algumas pessoas sentem-se inseguras e deprimidas por encontrar-se longe do seu lar e familiares. Dessa forma, percebem que ao longo dos anos vão perdendo suas forças físicas e mentais. Por isso, compreendem que no futuro, poderão depender totalmente de ajuda para sua própria sobrevivência. E igualmente, possuem pressentimentos de que o fim da sua existência terrena, se aproxima.

b) Definição

A Capelania Cristã para a pessoa Idosa, é um Ministério de apoio espiritual de compaixão, que tem como principal objetivo, consolar, valorizar e evangelizar a pessoa, que se encontra internada em Casa de Repouso, ou mesmo que frequenta Creche para adultos (Centro Dia), proporcionando-lhe uma conexão com Deus, que fortalece a sua fé e oportuniza a sua busca pela salvação eterna.

Assim sendo, a Mensagem Cristã contribui para restaurar a autoestima e a dignidade física, emocional e espiritual da pessoa. Como também, a motiva para viver o seu cotidiano em paz, harmonia até o desfecho final da sua vida! Em razão disso, o Evangelho de Cristo é o bálsamo que cura o corpo, e prepara a alma para os propósitos eternos com Deus.

c) Considerações Gerais

A Ciência moderna e a Organização Mundial da Saúde (OMS), aceitam a espiritualidade, como contribuição para a medicina tendo em vista, que foram observados bons resultados na melhora da saúde psíquica, social e biológica de pessoas, enfermas e vulneráveis.

Entretanto, sabe-se que a velhice é uma convenção sociocultural, valorizada ou não pela sociedade onde está inserida. A qual, pode ser influenciada principalmente pelos fatores socioculturais e religiosos de cada região do Planeta.

No Brasil, considera-se "idosa", a pessoa igual ou superior a 60 (sessenta) anos, com base no Estatuto da Pessoa Idosa, que existe desde 01/10/2003, através da Lei n.10.741, que regula os direitos e garantias asseguradas às pessoas idosas.

Todavia, a velhice não é uma doença, e sim um processo normal do desenvolvimento, onde surgem mudanças no organismo do indivíduo. E no decorrer da sua existência poderá aparecer problemas de saúde, influenciados por outros fatores detectados ou não.

Contudo, ter uma vida longa e saudável é o desejo do ser humano! Por isso, é recomendável que a pessoa idosa receba o apoio familiar, uma alimentação saudável, durma bem, cultive boas amizades, evite quedas e exercite-se com moderação. E tenha propósitos e esperança, de uma vida eterna com Cristo!

d) A prática da Capelania Cristã para a pessoa idosa

- A prática da Capelania Cristã, começa na própria casa do Capelão ou visitador Cristão, com o preparo espiritual, através de estudo bíblico, jejum e oração!

- Sendo assim, terá excelentes condições de apresentar "O maior Tesouro do Mundo", que é a vida eterna em JESUS CRISTO, através da graça de DEUS, visto que somos cidadãos dos Céus!

- O primeiro passo antes de começar as atividades da Capelania, é agendar com a administração da Instituição, a primeira visita, com a equipe completa para conhecer o local, as pessoas envolvidas e as normas gerais;

- As atividades devem ser realizadas em intervalos semanais, quinzenais ou mensais, podendo variar de acordo com decisão e disponibilidade da equipe;

- A equipe deve orar sempre antes de iniciar as suas tarefas, agradecendo a Deus a confiança depositada, e a oportunidade de evangelizar naquele lugar;

- É necessário que a equipe use o jaleco como forma de identificação do grupo. E utilize o celular ou uma Bíblia de bolso, na apresentação da Mensagem Cristã;

- Antes de ministrar a Mensagem Cristã, a equipe precisa cumprimentar todos os presentes com simpatia, falar somente o primeiro nome de cada componente, e observar a realidade local, com a finalidade de realizar um excelente trabalho;

- Nunca falar de si mesmo ou de seus problemas pessoais, exceto, se for indagado pelos internos. Porém, enfatize sempre que Deus não faz acepção de pessoas, que ama e protege a todos igualmente. E oferece-lhes paz, amor, alegria e salvação eterna! Tendo em vista, que cada ser humano, tem sua missão e propósitos a cumprir na vida;

- No momento que iniciar as atividades da Capelania, deve solicitar que a televisão seja ligada, e os celulares sejam colocados no modo silencioso;

- Caso uma pessoa, interrompa o andamento do trabalho para dialogar, (se não for assunto urgente), deve solicitar gentilmente para aguardar até o término, e atendê-lo posteriormente;

- Mesmo que seja solicitado, não realize nenhuma intervenção junto aos internos como: oferecer comida, água, agasalhos, ou a entrega de objetos, sem antes levar ao conhecimento da Direção, para que tudo seja explicado e solucionado;

- E qualquer orientação solicitada pelos internos, sobre os mais variados assuntos, precisa ser levada ao conhecimento da Instituição, para fins de esclarecimentos e soluções;

- A primeira etapa das atividades é o evangelismo. À vista disso, enquanto um membro da equipe ministra a Mensagem Cristã, os demais devem ficar em meditação e oração silenciosa, intercedendo através do Espírito Santo, pela benção de Deus naquele local;

- Antes de iniciar a ministração da Mensagem Cristã, convidar todos os participantes, para juntos orarem a Oração Universal do "Pai Nosso". E concluir com uma oração específica, em intenção do trabalho que está sendo realizado;

- Logo após, "quando for possível", a equipe deve cantar juntamente com os participantes, um ou dois hinos de louvores a Deus, seja com o auxílio de alguém tocando instrumentos musicais, ou mesmo por meio de um celular;

- É necessário cronometrar o tempo total da ministração da Mensagem Cristã, que não poderá ultrapassar os 20 minutos. Em razão disso, deve ser curta e objetiva, para não cansar os internos;

- Nunca se esquecer de que o foco principal, é a evangelização dos ouvintes, através do Plano de Redenção, com a utilização de versículos bíblicos sobre: Consolo, Perdão e Salvação Eterna;

- Ao término da mensagem, é importante apresentar um ou mais testemunhos sobre a Fé Cristã. Em seguida, fazer a seguinte perguntar aos presentes: "Você quer receber Jesus Cristo pela Fé, como o único e suficiente Salvador e Senhor da sua vida?";

- A seguir, a equipe deve convidar todas as pessoas que responderam sim, para juntos fazerem uma oração compartilhada de Confissão de Fé em Cristo; (Pode utilizar a oração do Folheto Evangelístico);

- Na sequência, (se houver autorização da Direção), chamar os internos que fazem aniversário na semana da visitação; para juntos festejarem cantando com os demais, a música dos "Parabéns";

- A segunda etapa das atividades, pode ser realizada através de uma abordagem individual ou grupal. Contudo, ao perceber que a pessoa já se cansou da sua presença, devido a sua fragilidade física, seja sensível, e conclua logo o diálogo ou a reunião, e se despeça gentilmente, deixando a pessoa em situação confortável;

- Caso a Instituição autorize a visitação aos internos que se encontram em leitos, com dificuldade de locomoção; faz-se necessário apresentar uma Mensagem Cristã, de apenas 10 minutos de duração, curta e objetiva, e que seja essencialmente evangelística;

- De acordo com a realidade local e autorização da Instituição, a equipe poderá elaborar "Planos de ação" para entretenimentos dos internos como: apresentações musicais ou de palhaços; motivar a leitura da Bíblia, indicar bons livros, jogos pedagógicos e outras intervenções que sejam úteis e de interesse de todos;

- Motivar o companheirismo entre os internos, através da formação de grupos, para contar histórias edificantes, e leituras de bons livros de interesse geral. Que oportunize o diálogo, fortaleça a Fé em Deus, e os laços de amizade, proporcionando um ambiente de leveza, solidariedade, perdão paz e amor fraternal;

- Sempre que for possível, dialogar com os familiares, reforçando a importância da presença deles na vida do seu interno, com compreensão e a paciência. E ressaltar, que no momento que o encontrarem triste, irado, revoltado ou frustrado, aceitem como sendo uma atitude normal e compreensível;

- É importante também, lembrar aos familiares, sobre as promessas da benção de Deus aos filhos: "Honra o teu pai e a tua mãe, para que prolonguem os teus dias na terra que o Senhor teu Deus te dá". (Êxodo 20:12).

- Preparar os familiares, quanto ao envelhecimento e morte, que fazem parte da vida de todos os seres vivos. E reforçar a importância de visitá-lo com muita frequência, se preparando para o desfecho final da vida do seu familiar idoso;

- Sempre que houver autorização da Instituição, distribuir literaturas, folhetos, ou Bíblias, no final de cada visita, com o propósito de complementar o trabalho evangelístico;

- Ao se despedir, a equipe deve fazer uma oração final, de gratidão a Deus, pela oportunidade que teve de ser um precioso instrumento de benção, para as pessoas daquela Instituição. Como também, sempre precisará deixar agendado o próximo retorno.

4. Capelania Cristã escolar

> *E vós pais, não provoqueis à ira vossos filhos,*
> *mas criai-os na disciplina e admoestação do Senhor.*
> *(Efésios 6:4)*

a) Definição

A Capelania Cristã escolar é um serviço, voluntário ou não, de apoio espiritual, centrado nos princípios bíblicos, que se preocupa com o bem-estar físico, emocional, social de alunos, professores e funcionários que fazem parte de uma determinada instituição de ensino, sempre respeitando a fé e a crença individual.

Portanto, a Capelania Cristã escolar é uma ferramenta que pode ser usada para levar paz, esperança e fé a todos os aflitos e desesperados do ambiente escolar, visto que o ambiente escolar não está imune aos problemas econômicos, sociais e morais da sociedade.

Sobretudo, a Capelania Cristã escolar tem como propósito promover o resgate dos valores sociais e cristãos fundamentais da família. Portanto, é muito importante a assistência espiritual cristã dentro das instituições de ensino.

Em especial, poderá atuar auxiliando como um ombro amigo em problemas infelizmente muito comuns em escolas, como: drogas, sexualidade precoce e crise de autoridade.

Por conseguinte, o capelão atua muitas vezes na escola como um conselheiro espiritual ou ponte de ajuda entre alunos, professores, funcionários e familiares.

Por essa razão, o resultado das ações de apoio espiritual tem sido positivo, ultrapassando muitas vezes os limites da escola, podendo beneficiar também as famílias dos alunos.

Dessa forma, os capelães podem realizar palestras educativas ou apresentar projetos, com temáticas sobre: esperança, consolo, exortação, Salvação Eterna, valores sociais e econômicos e outros assuntos de relevância e de interesse daquela instituição.

b) A prática da Capelania Cristã escolar

- O capelão deve ter o chamado de Deus para esse ministério específico de ensino e exercê-lo com muita paciência e amabilidade;

- O capelão precisa estar preparado para evangelizar, no universo da educação, respeitando a faixa etária dos alunos;

- Demonstrar interesse em conhecer o trabalho da escola e atividades desenvolvidas, bem como propor apoio frente aos desafios identificados;

- *É* importante a atuação de dois ou mais capelães e se apresentar sempre com o jaleco com identificação;

- Ao iniciar as atividades, esclarecer sobre os propósitos do trabalho da Capelania Cristã escolar e de preferência apresentar um bom projeto a respeito;

- O capelão deve transmitir mensagens sobre os valores sociais e morais, quando for necessário;

- Deve prestar orientação e encorajamento às pessoas em momentos especiais ou de crises;

- Precisa deixar agendado o dia semanal de trabalho e atendimentos individuais, quando se fizerem necessários;

- Participar de datas festivas quando for convidado;

- Sempre que houver oportunidade, ministrar mensagem completa, de Consolo, Perdão, Salvação e convite para fazer a oração compartilhada de Confissão de Fé, e distribuir folhetos ou literaturas evangelísticas;

- Atender a pedidos da direção escolar, para prestar apoio espiritual em problemas pontuais entre alunos, familiares, professores e/ou funcionários da escola;

- Prestar apoio, servindo de ponte, nas reconciliações, em situações de conflitos sociais, entre alunos e familiares, sendo uma propícia oportunidade para evangelizar.

5 Capelania Cristã prisional ou carcerária

Disse Jesus: estive preso e vocês me visitaram... (Mateus 25:36)

Lembrem-se dos que estão na prisão, como se aprisionados com eles... (Hebreus 13:3)

a) Definição

A Capelania Cristã prisional leva o amor de Deus aos presidiários. É um ministério voluntário, cristão, solidário e humanitário que tem como principal objetivo alcançar as pessoas que estão presas, através do apoio espiritual, apresentando o Evangelho de Cristo a cada um, visando ao seu bem-estar e à sua Salvação Eterna.

O presídio é um local muito triste! Portanto, as pessoas que se encontram encarceradas por vezes ficam muito tempo sem receber visitas e sentem-se discriminadas e solitárias.

b) A prática da Capelania Cristã prisional

- Verificar o dia em que a instituição penal autoriza a visitação e sempre comparecer em equipe;

- O capelão deve ter o chamado de Deus para esse ministério prisional e ter amor e compromisso com a evangelização das pessoas presas;

- Prestar solidariedade e acolhimento espiritual;

- O capelão deve ser um instrumento de apoio espiritual para o preso e deve ser luz, nas densas trevas da prisão;

- O capelão ou visitador cristão precisa fazer oração e leitura bíblica e prestar aconselhamento pastoral, sempre que necessário;

- O capelão precisa apresentar o Plano de Redenção de Deus e ministrar a mensagem completa, de Consolo, Perdão, Salvação e convite para fazer a oração compartilhada de Confissão de Fé;

- A todos os presos que permitirem, reforçar a importância do perdão e da boa convivência com os companheiros da instituição;

- No final da visitação, distribuir folhetos evangelísticos, livros cristãos e/ou Bíblias;

- Prestar apoio espiritual aos familiares e amigos das pessoas presas, visando a uma maior integração entre eles, sempre que necessário;

- Deixar agendada a data do retorno.

c) Cuidados a serem tomados

- Evitar envolvimento emocional, sentimental;

- Evitar envolvimento jurídico e/ou financeiro;

- Evitar envolvimento com o sistema prisional.

6 A Capelania Cristã do acolhimento

> *Disse Jesus: "Um novo mandamento vos dou:*
> *Que vos ameis uns aos outros; como eu vos amei a vós,*
> *que também vós uns aos outros vos ameis". (João 13:34)*

a) Definição

A Capelania Cristã do acolhimento é um ministério voluntário, cristão, solidário e humanitário e tem como principal objetivo ser portador do amor de Deus a todas as pessoas enfermas ou que se encontrem vulneráveis em qualquer situação. Portanto, através do apoio espiritual, será apresentado o Evangelho de Cristo, visando ao seu bem-estar e à Salvação Eterna.

O fundamento da Capelania Cristão do acolhimento são os ensinamentos de Jesus Cristo, em especial as referências bíblicas a respeito do "novo mandamento, que vos ameis uns aos outros" e a parábola do "Bom Samaritano", que nos ensinam impactantes lições sobre o genuíno amor ao próximo. Como também consiste na real compreensão que Deus espera dos seus filhos quanto à importância da generosidade diante de pessoas em situações de enfermidade e/ou vulnerabilidades. Portanto, a Capelania Cristã do acolhimento é a demonstração do amor cristão prático e misericordioso pelos outros. Significa a abertura do coração de quem ouve para o coração de quem fala.

b) A prática da Capelania Cristã do acolhimento

- O capelão deve ter o chamado de Deus para esse ministério específico de acolhimento e exercê-lo com muito amor, paciência e simpatia;

- O capelão deve estar preparado para evangelizar, no universo das situações imprevisíveis, como: consolar no momento de desespero de alguém que perdeu seu ente querido, seja em casa, no ambiente hospitalar ou mesmo em um velório;

- Prestar acolhimento às pessoas que desejam conversar sobre seus problemas, suas angústias, suas dificuldades e dores ou simplesmente necessitam de um ouvido amigo para escutá-las;

- Quando for necessário, dar plantão por determinado tempo em algum lugar, como numa igreja, capela hospitalar ou outro local em que possa prestar o devido apoio ao próximo;

- Prestar apoio espiritual, quando tiver oportunidade, a pessoas com depressão ou que estejam passando por momentos delicados em suas vidas;

- Fazer evangelismo de rua, distribuindo folhetos evangelísticos e, quando necessário, prestar o devido apoio espiritual;

- Quando for solicitado, fazer o devido acolhimento através de uma visita domiciliar, prestando apoio espiritual, seja para pessoa enferma ou em situação de vulnerabilidade.

7 A Capelania Cristã do luto

Ele enxugará de seus olhos toda a lágrima; e não haverá mais morte. (Apocalipse 21:4)

É melhor estar num velório do que ir a uma festa, pois todos vão morrer um dia, e é bom pensar nisso enquanto ainda há tempo. (Eclesiastes 7:2)

Luto é o sentimento da dor mais aguda na alma, misturada com saudade, provocada pela morte de um ente querido. (Roseni das Graças Nery)

a) Introdução

O luto não deve ser evitado, porque é algo natural e faz parte da mortalidade, embora seja um choque muito forte e dolorido aos familiares e amigos da pessoa falecida. Entretanto, não se sabe lidar com essa fatalidade, porque o ser humano foi criado para a vida, isto é, ele tem a eternidade no coração, e não a morte. Portanto, pode-se afirmar que a pior dor emocional do ser humano é a dor do luto.

b) Definição

A Capelania Cristã do luto tem como principal propósito levar o conforto espiritual às pessoas enlutadas, que sofrem com a perda de um ente querido, bem como prestar o cuidado e aconselhamento aos seus familiares e amigos.

Sobre o luto, do latim *lucto*, pode-se dizer que é um sentimento profundo de tristeza e pesar pela morte de alguém. O luto pode ser compreendido como um período de consternação, de profundo pesar e saudade pela morte de um familiar ou amigo.

c) Definição de "morte"

A palavra "morte" vem do termo latino *mors*, e **"óbito"** vem do termo latino *obitu*. É a cessação completa da vida, da existência.

d) Tipos de luto

Os sinais exteriores do sentimento de luto podem ser expressos sob as mais diferentes formas, nas diversas culturas e religiões. Desse modo, o Catolicismo realiza alguns rituais durante o período do luto, como: a encomendação do corpo, a missa de corpo presente, a missa de sétimo dia, de um mês e do aniversário de falecimento.

Existe também o **luto oficial**, que é o sentimento de pesar ou dor pela morte de alguém conhecido no meio social, proposto por uma autoridade pública legalmente constituída. Além disso, existe o **luto pré-morte**, vivenciado pelo paciente e familiares ainda em vida, em um tratamento delicado ou adoecimento severo, numa espécie de despedida.

e) Tipos de morte

1. **Eutanásia: é uma forma de abreviar a vida de alguém** acometido de uma doença grave e incurável, a pedido da própria pessoa. É considerado crime no Brasil, **é dito** "suicídio assistido";

2. **Ortotanásia: é a morte natural com dignidade, sem sofrimento e interferência da** ciência médica;

3. **Distanásia: é o prolongamento da vida por meio da intervenção médica;**

4. **Kalotanásia: é conhecida como a "boa morte". Consiste em um conjunto de ajustes para que o processo de morrer seja** o mais suave possível. Respeita o desejo dos pacientes, promovendo sua autonomia até o desfecho final.

f) Diferentes situações de luto

- **Perda súbita:** é a inesperada, é a mais difícil de ser absorvida e aceita;

- **Perda paulatina:** é quando o sofrimento é dosado. Em alguns casos, a morte passa a assumir o papel de solidariedade, terminando com um angustiante e prolongado sofrimento do ente querido;

- **Perda por aborto:** é muito comum as pessoas não processarem o luto mediante a perda pelo aborto, já que não houve o nascimento, nem a morte convencional. Porém, sonhos foram interrompidos pelos pais. Por isso, as lágrimas são necessárias e o recolhimento também;

- **Perdas de filhos**: o ciclo natural da vida é o filho sepultar o pai. É o luto mais dolorido para os pais, porque há maior dificuldade em assimilar a perda precoce e invertida;

- **Perda por suicídio**: pode-se dizer que é a forma mais cruel de alguém dizer adeus. É uma declaração pública de protesto contra a vida, pessoas ou situações. No caso de filhos, pais entram em conflitos e se autopunem com rigor. Entretanto, é fundamental refletir que, em maior ou menor escala de responsabilidade, a decisão de tirar a vida foi própria e individual.

g) Os cinco processos do luto

A pessoa enlutada passa por cinco processos, de acordo com o modelo Kübler-Ross (negação, raiva, negociação, depressão e aceitação), conforme conteúdo a seguir:

- **Negação**: nada faz sentido, não parece real, a pessoa entra em um estado de choque. O luto nesse estágio é muito difícil de suportar;

- **Raiva**: a raiva é a dor interna, há sentimento de abandono pela pessoa que faleceu;

- **Negociação**: a culpa acompanha essa fase. Há o questionamento sobre o que poderia ter sido feito de diferente para mudar aquela realidade;

- **Depressão**: é a fase da grande tristeza, a melancolia toma conta. É preciso tempo para elaborar melhor os sentimentos;

- **Aceitação**: é confundida com a noção de "estar bem com o que aconteceu". Há necessidade de aceitar que aquele ente querido está fisicamente ausente para sempre.

Todavia, os cristãos são confortados pela certeza da ressurreição final em Cristo. Porém, isso não elimina a dor, o vazio e a saudade de ser forçado a separar-se de alguém a quem se ama.

Entretanto, é bom sentir saudades do ente querido, porque é um sinal de que foi uma pessoa significativa e que deixou sua marca nesta vida e nos corações dos seus amados, com os quais conviveu.

h) Prática da Capelania Cristã do luto

- O capelão deve entender que a dor do luto é real e deve prestar apoio aos familiares, quando for necessário ou a pedido. O principal objetivo é contribuir para o alívio dos enlutados, falando do consolo, da importância do perdão e da Salvação Eterna;

- Falar sobre as promessas bíblicas e sobre a esperança de um dia encontrar na eternidade seu ente querido, como em João 11:25-26, quando disse Jesus: "Eu sou a ressurreição e a vida; aquele que crê em mim, ainda que morra viverá; E quem vive, e crê em mim, não morrerá eternamente. Você crê nisso?";

- Ao levar o consolo, poderá também dizer às pessoas enlutadas: "Tenha fé e coragem e diga adeus ao seu ente querido, sem tirá-lo do seu coração! E nunca desista da maravilhosa promessa de Cristo";

- Você pode abraçar ou apenas ouvir as pessoas enlutadas.

i) Procedimentos na cerimônia do velório

- Ao chegar ao velório, procurar as pessoas mais próximas dos familiares do falecido e perguntar se a família aceita uma reunião cerimonial;

- Identificar-se de que faz parte da Capelania Cristã e falar dos seus objetivos, explicando que será apresentada uma Mensagem Cristã, curta e objetiva, para ajudar a confortar as pessoas enlutadas;

- Em caso positivo, perguntar o nome do ente querido falecido, procurar saber um pouco sobre sua história de vida e pedir autorização para mencioná-la na cerimônia;

- Reunir os presentes, falar um pouco sobre o falecido, mencionando seu nome;

- Em seguida, dar oportunidade para duas pessoas parentes ou amigas do falecido falarem um pouco sobre sua história de vida;

- A seguir, entregar uma mensagem que contenha palavras de consolo, perdão e Salvação. Em especial, usar textos bíblicos, como a ressureição de Lázaro, e outros que falem da vida eterna e sua importância;

- Ao término, explicar sobre a Vida na Eternidade com Deus e a necessidade de todos os cristãos prepararem sua vida espiritual, bem como de declararem publicamente que Cristo é seu Senhor e Salvador pessoal;

- A seguir, o dirigente deve convidar a todos que quiserem para fazerem uma oração compartilhada de Confissão de Fé em Cristo;

- Após, convidar a todos para fazerem a oração do "Pai Nosso", dando ênfase sobre a importância do perdão;

- Finalizar com uma oração curta, pedindo a Deus o consolo para todos que estão com o coração enlutado naquele momento;

- Ainda, agradecer a oportunidade e atenção dos presentes e se despedir, cumprimentando em especial os parentes e amigos mais próximos da pessoa falecida;

- Distribuir aos presentes literatura cristã ou folhetos evangelísticos.

Conclusão

A Capelania Cristã presta apoio a muitos setores da sociedade. Embora cada setor tenha características diferentes de atuação, existe um ponto em comum entre todos eles, que é a evangelização das pessoas envolvidas.

Cristo deixou-nos o exemplo da importância de visitar as pessoas enfermas e em situações de vulnerabilidade. Ele disse: "Eu sou o bom Pastor. O bom Pastor dá a sua vida pelas suas ovelhas" (João 10:11). Entretanto, são poucas as pessoas que se dispõem a fazer visitações e evangelismo. Nesse contexto, Paulo escreveu: "Porque todo aquele que invocar o nome do Senhor será salvo. Como, pois, invocarão aquele em quem não creram? E como crerão naquele em que não ouviram falar?" (Rom. 10:13-14). Portanto, é muito importante visitar as pessoas doentes e sem esperança e levar as boas novas de Cristo, mostrando que somos cidadãos do Céu, e somente Ele nos concede a Salvação Eterna. Aleluia!

Capítulo VII

A CAPELANIA CRISTÃ SOCIAL

Como é bom e agradável quando os irmãos vivem em união.
(Salmos 133:1)

A Capelania Cristã social atua tanto com os internos de uma instituição como com os profissionais que trabalham no mesmo local. O capelão é visto como alguém espiritual e testemunha de Cristo em todos os ambientes por onde percorre. Por isso, numa instituição de saúde, poderá auxiliar o médico na hora em que vai transmitir uma notícia grave ao paciente. Como também poderá prestar atendimento aos familiares do enfermo que faleceu, em especial nos momentos de crises pessoais, devido à perda.

1 Definição

A Capelania Cristã social tem por objetivo dar apoio emocional e espiritual a todos os integrantes de uma determinada instituição social ou de saúde, como os profissionais de saúde, professores e outros, visto que trabalham em ambientes que apresentam situações de vulnerabilidade e estresse e podem ficar doentes.

Por essa razão, a intervenção da Capelania Cristã tem a finalidade de contribuir para que todos vivam bem e em harmonia, podendo ser beneficiadas tanto as pessoas internas como os próprios profissionais da daquela instituição social ou de saúde.

Portanto, para dinamizar o trabalho com os funcionários da instituição, é necessário um planejamento, para promover "Um Momento Celestial", conforme o direcionamento a seguir:

1. Solicitar a autorização da direção da entidade;

2. Definir com a administração: o local, dia semanal e horário da reunião "Um Momento Celestial";

3. A participação deve ser voluntária;

4. Evitar questões polêmicas e respeitar a crença de cada participante;

5. A reunião é feita por setores de trabalho, com duração de dez minutos;

6. O objetivo é proporcionar um momento devocional, através de mensagens sobre a rotina, com conteúdos bíblicos e orações, a fim de propiciar a saúde espiritual de todos os profissionais daquela instituição, através da evangelização;

7. Escolher e treinar líderes que possam coordenar esse trabalho, durante o tempo necessário;

8. Preparar textos bíblicos curtos que possam ser aplicados na vida cotidiana, com ilustrações simples;

9. A reunião chamada "Um Momento Celestial" não deve ultrapassar dez minutos;

10. Iniciar a reunião perguntando o nome de cada participante;

11. Apresentar questões rotineiras com aplicações bíblicas como soluções;

12. Ministrar Mensagens Cristãs curtas, que devem conter: Consolo, Perdão e Salvação Eterna;

13. No final, após a ministração da Mensagem Cristã, faça um convite aos presentes, para compartilhar uma oração

de Confissão de Fé em Jesus Cristo, como o seu legítimo Salvador e Senhor, com base em Romanos 10:9: "Se com a tua boca, confessares ao Senhor Jesus, e em teu coração creres que Deus o ressuscitou dentre os mortos, serás salvo";

14. Exemplo de oração de Confissão de Fé: ver no capítulo IV deste livro;

15. Se houver, distribuir no final da reunião a literatura bíblica;

16. Perguntar sobre pedidos de oração e ficar à disposição de todos, para atender e orar;

17. Ao término de cada reunião, finalize com uma oração curta e objetiva e agradeça a todos com simpatia, sabedoria e amor fraternal.

Em síntese, o resultado desse trabalho poderá proporcionar o entrosamento e o fortalecimento de amizades, tornando o ambiente de trabalho mais leve, saudável e de fácil convivência.

Conclusão

A Capelania Cristã Social é uma missão de apoio espiritual e emocional às pessoas fragilizadas e vulneráveis, sejam pacientes internados ou mesmo os profissionais que trabalham em ambientes de grande estresse, como hospitais, prontos-socorros, orfanatos e outros.

Portanto, é de imensurável valor o apoio espiritual dos capelães, seja através de atendimentos individuais ou em reuniões, considerando que a palavra de Deus é utilizada para consolar, confortar e salvar os corações cansados e oprimidos. Dessa forma, todos são favorecidos.

Capítulo VIII

A PROTEÇÃO ATRAVÉS DA BIOSSEGURANÇA

Nossa esperança está no Senhor;
Ele é o nosso auxílio e a nossa proteção.
(Salmo 33:20)

1 Introdução

É muito importante que os capelães tenham conhecimentos da biossegurança, a fim de se protegerem, uma vez que frequentam ambientes como hospitais, ambulatórios e outros lugares onde há grande movimentação de pessoas enfermas, que podem disseminar vírus, bactérias e outros agentes que causam doenças.

A biossegurança surgiu no século XX. E, no Brasil, teve início na década de 1980, com a participação da Organização Mundial de Saúde (OMS), que tem como objetivo estabelecer pontos focais na América Latina para seu desenvolvimento.

2 Conceito

A biossegurança (vida + segurança) é um conjunto de ações destinadas a: prevenir, controlar, diminuir ou eliminar riscos inerentes às atividades que possam interferir ou comprometer a qualidade de vida, a saúde humana e o meio ambiente.

As ações da biossegurança em saúde são primordiais para a promoção e manutenção do bem-estar e para a proteção à vida.

3 Sistema de defesa do organismo humano

O homem (hospedeiro) e os microrganismos (parasitas) convivem em pleno equilíbrio. Porém, quando ocorre a quebra dessa relação harmoniosa de equilíbrio, poderá haver uma doença ou infecção.

A capacidade de defesa do nosso organismo é influenciada por alguns fatores: idade (crianças e idosos), estado nutricional, doenças como leucemia e cirurgias, estresse, uso de medicamentos como antibióticos e corticoides, tratamento de quimioterapia e radioterapia, entre outros.

4 Risco biológico

Consideram-se agentes biológicos os microrganismos, geneticamente modificados ou não, como: culturas de células, parasitas, toxinas e príons. Exemplos: bactérias, fungos, parasitas, vírus, estruturas proteicas e outros.

5 Microrganismo

São seres vivos infinitamente pequenos, não visíveis a olho nu, somente através de microscópios. São encontrados no ar, na água, em ambientes e dentro do próprio organismo do ser humano, como vírus, fungos, bactérias e protozoários.

6 Doenças infectocontagiosas

São as doenças de fácil e rápida transmissão, provocadas por agentes patogênicos.

7 Infecção

É uma doença caracterizada pela presença de agentes infecciosos que provocam danos em determinados órgãos ou tecidos, causando febre, dor e vermelhidão (eritema), inchaço (edema) e alterações sanguíneas (aumento dos glóbulos brancos do sangue).

8 Período de incubação

É o período que decorre desde o contágio até a manifestação da doença. Esse período é muito variável, de acordo com o tipo de vírus ou bactéria.

9 Meios de transmissão

A transmissão pode ocorrer de forma direta ou indireta:

a. **através do contato direto:** a transmissão do agente biológico ocorre sem a intermediação de veículos ou vetores. Exemplos: através das vias aéreas por aerossóis, transmissão por gotículas, e contato com as mucosas dos olhos;

b. **através do contato indireto:** a transmissão do agente patológico ocorre por meio de veículos ou vetores. Exemplos: por meio de mãos, perfurocortantes, luvas, roupas, instrumentos cirúrgicos. Vetores: água, alimentos e superfícies.

Conclusão

Para exercer a Capelania Cristã, é muito importante que o capelão observe os requisitos básico de higiene, bem como deve obter conhecimentos a respeito da biossegurança, com a finalidade de proteger a própria saúde. É importante lembrar que o capelão deve estar em perfeita saúde, física, mental e espiritual e encontrar-se preparado para esse trabalho, tendo em vista que a realização de suas visitas pode ocorrer em áreas insalubres e contaminadas por fungos, bactérias ou vírus, que facilmente poderão ser encontrados em hospitais e ambulatórios. Portanto, o capelão deve observar os locais de perigo, vigiar e proteger sua saúde!

Capítulo IX

IMPLANTAÇÃO DA CAPELANIA CRISTÃ HOSPITALAR E AMBULATORIAL

Muitos são os planos no coração do homem, mas o que prevalece é o propósito do Senhor.
(Provérbios 19:21)

Os planos fracassam por falta de Conselho. Mas são bem-sucedidos quando há muitos conselheiros.
(Provérbios 15:22)

1 Introdução

As experiências da nossa vida precisam ser compartilhadas quando servem de inspiração e ajuda ao nosso próximo, razão pela qual me senti motivada a transmitir neste manuscrito o que aprendi no decorrer de muitos anos de experiência sobre Capelania Cristã, pois sei que em tudo existe um propósito maior do nosso Criador Eterno.

Este é o último capítulo e os conteúdos são mais técnicos, porque se referem a um projeto de implantação de Capelania Cristã em hospitais e ambulatórios. Todavia, poderá ser adaptado para outros setores sociais, de acordo com a necessidade e realidade local, como: escolas, orfanatos, asilos, empresas, clínicas, luto e outros. Em síntese, tudo *é* para a glória de Deus e crescimento do seu Reino Eterno.

2 Projeto de implantação de Capelania Cristã hospitalar e ambulatorial

1. Identificação da instituição
Endereço:
2. Identificação do projeto
A) Título do projeto:
B) Início do projeto:
C) Avaliação do Projeto (semestral, anual e/ou outros):
D) Responsável (nome do coordenador):
C) Contato:

3 Missão

A presença da Capelania Cristã nesta instituição proporcionará a todos os pacientes, seus familiares e profissionais de saúde que necessitarem de apoio espiritual, através de mensagens evangelísticas o bem-estar físico, mental e espiritual, propiciando um ambiente saudável, com excelentes resultados no tratamento médico.

4 Apresentação do projeto

Este projeto tem a finalidade de direcionar e dinamizar as atividades da Capelania Cristã hospitalar e ambulatorial no (colocar o nome da instituição), que serão executadas por capelães voluntários. Dessa forma, o apoio espiritual será muito importante no enfrentamento da doença, como também no tratamento médico indicado, ou em situações de luto.

As atividades serão organizadas mediante cronograma previamente estabelecido e as visitas deverão ocorrer nos dias agendados. Entretanto, também poderão ocorrer quando forem solicitadas: pelos pacientes e familiares ou responsável legal, pelos próprios profissionais de saúde ou ainda a pedido de um líder religioso que deseje prestar assistência aos membros da sua comunidade.

5 Base legal para o trabalho da Capelania Cristã

Encontra-se na Constituição Federal de 1988. Nota: mais informações constam no Capítulo I deste livro.

6 Justificativa

Considerando que o ser humano é complexo, há necessidade de focar tanto o tratamento **físico através da medicina** quanto o apoio espiritual, através da oração e fé, por intermédio dos capelães.

Assim, os pacientes em geral ou mesmo os portadores de doenças degenerativas, que sentirem muito medo e angústia, deverão receber apoio espiritual individualizado, que os ajudará a vencer a ansiedade e as preocupações, favorecendo o "despertar da fé" e a esperança, que influenciará de modo positivo na sua recuperação médica e emocional.

7 Fundamentação teórica

O trabalho da Capelania Cristã está fundamentado no Cristianismo, que tem como principal objetivo **a prática** incondicional do amor fraternal **às pessoas**, independentemente da sua situação socioeconômica, raça, sexo ou credo religioso.

Por conseguinte, sabe-se que os hospitais que possuem o trabalho da Capelania Cristã são mais bem conceituados, por terem uma visão do "Cuidado Integral" aos pacientes.

Ademais, muitos estudos comprovam a importância da presença da Capelania Cristã em ambientes hospitalares e ambulatoriais, tendo em vista que propicia aos pacientes uma recuperação do tratamento médico mais rápido e eficaz.

Dessa forma, a escritora Eleny Vassão (1997) afirma que o trabalho da Capelania Cristã hospitalar pode: "Cuidar e zelar pela humanização do atendimento ao paciente, como também zelar pelo clima humanizado no ambiente hospitalar; visitar e dialogar com os pacientes internados, trazendo palavras de consolo, encorajamento a partir da fé. São fatores que influenciam diretamente na recuperação da saúde dos enfermos".

Além disso, Vasconcelos (2006) também evidenciou em seu estudo que: "Assistência Espiritual colabora com a recuperação da saúde do paciente, através do acolhimento, do otimismo, da oração e da fé".

Portanto, o trabalho da Capelania Cristã fortalece os laços de confiança, paz, harmonia e solidariedade das pessoas, o que pode refletir de maneira satisfatória nos resultados do tratamento médico e emocional. Por isso, os hospitais e ambulatórios são lugares ideais para o tratamento do corpo e do espírito.

Desse modo, conclui-se que a Fé e a Medicina se complementam, contribuindo para o bem-estar social e espiritual do paciente, seus familiares e profissionais da saúde.

8 Objetivo geral

Implantar a Capelania Cristã hospitalar e ambulatorial no (escrever o nome da instituição), o que consiste em prestar apoio espiritual e emocional, e, quando necessário, ajudar na área recreativa, educacional e de assistência social as pessoas enfermas, seus familiares e os profissionais integrantes da instituição.

9 Objetivos específicos

a. Validar o projeto de implantação da Capelania Cristã hospitalar e ambulatorial, através do apoio e aprovação da administração e direção do (nome da instituição);

b. Definir com a administração a localização da sala de apoio ao serviço da Capelania Cristã (espaço físico), bem como a forma de arquivamento das documentações (ofícios, e-mails, fichas de inscrição, endereço eletrônico, literatura revisada e outros);

c. Organizar arquivos com banco de dados de identificação pessoal dos capelães, bem como das instituições religiosas que esses representam;

d. Definir com a comissão ou coordenação da Capelania Cristã a cor e logotipo do jaleco para a identificação dos capelães;

e. Estabelecer cronograma de execução das atividades da Capelania Cristã durante o ano;

f. Criar lista de controle ou livro de registro referente a horário, entrada e saída, dos capelães no hospital e ambulatório, conforme cronograma previamente definido;

g. Dividir as equipes por campos de atuação, como quartos, ambulatórios, sala de espera e outros, e sempre realizar rodízios, para que todos participem igualmente das atividades em geral;

h. Oferecer, quando houver necessidade, cursos de capacitação teórico-práticos, embasados nos principais pilares da Capelania Cristã: Evangelização, **Ética, Aconselhamento** e Assistência;

i. Orientar os capelães sobre a importância de ministrar a mensagem bíblica completa, contendo os elementos: Consolo, Perdão, Salvação Eterna e oração de Confissão de Fé em Jesus Cristo;

j. Definir, através da Capelania Cristã, parcerias com instituições cristãs para fins de troca de experiências e de reciclagens, sempre que houver necessidade.

10 Procedimentos metodológicos

- A coordenação dos capelães deverá apresentar **o projeto** à direção da instituição, onde serão decididos e registrados os meios e as ações que serão utilizadas para alcançar o êxito deste projeto;

- Deverá ter um local específico dentro da instituição para o encontro dos capelães, a fim de orarem juntos antes de iniciar as atividades de rotina;

- A equipe deve tomar conhecimento de todas as regras internas, bem como ter total comprometimento com a ética, para não prejudicar a rotina hospitalar e ambulatorial;

- As ações práticas dos capelães poderão ter início a partir da aprovação deste projeto, sendo necessário um encontro presencial de todos os capelães, periodicamente;

- O serviço de Capelania Cristã hospitalar e ambulatorial do (colocar o nome da instituição) será aberto para atendimento às comunidades religiosas, de forma laica, conforme a Constituição Federal de 1988;

- Para a organização do trabalho *in loco*, o que se propõe é a divisão do trabalho dos capelães por "campo de atuação", ou seja, atividades da Capelania Cristã hospitalar, nos leitos em quartos e enfermarias, e atividades da Capelania Cristã ambulatorial, nas salas de espera dos referidos ambulatórios;

- Por conseguinte, será necessário nomear um coordenador para cada equipe, com a finalidade do bom desempenho e organização do trabalho;

- Os capelães, ao ministrarem nos quartos ou enfermarias, devem priorizar o trabalho médico ou da enfermagem e, quando for necessário, devem se retirar e retornar posteriormente;

- Do mesmo modo, é necessário ter o compromisso de observar as restrições quanto ao controle de infecção hospitalar;

- Ademais, os capelães devem ter o devido respeito às crenças e às religiões dos pacientes e profissionais da saúde, entre outros aspectos;

- O tempo de permanência dos capelães nos locais de atuação deverá ser cronometrado: para os quartos e enfermarias, não poderá ultrapassar dez minutos e, nos ambulatórios e salas de espera, deverá ter no máximo vinte minutos de duração;

- O cronograma das visitas e reuniões (data, hora, local) deverá ser observado pela equipe para organização e avaliação das referidas atividades;

- Haverá avaliação anual, para analisar o desempenho e cumprimento dos objetivos propostos neste projeto;

- A capela da instituição poderá ser utilizada, eventualmente, para as reuniões específicas dos capelães mediante autorização da direção administrativa;

- Em situação permanente, a capela poderá ser utilizada para a realização de cerimônias religiosas (missas, cultos e outras), bem como para reuniões de oração, apoio a funcionários e às famílias, enlutadas ou não;

11 Avaliação da execução do projeto

A avaliação deverá ser anual, através da realização de reuniões com representantes da direção da instituição, coordenador e participantes da Capelania Cristã.

12 Referências bibliográficas do projeto

BRASIL. *Constituição (1988)*. Constituição da República Federativa do Brasil. Organização de Alexandre Moraes. 16. ed. São Paulo: Atlas, 2000.

BRASIL. *Lei Federal 9.982, de 14 de julho de 2000*. Dispõe sobre a prestação de assistência religiosa em entidades hospitalares. Disponível em: https://www.planalto.gov.br/ccivil_03/leis/l9982.htm. Acesso em: 07 maio 2024.

VASCONCELOS, E. M. *A Espiritualidade no trabalho em saúde*. São Paulo: Ed. Hucitec, 2006.

VASSÃO, E. *No leito da enfermidade*. São Paulo: Ed. Cultura Cristã, 1997.

Conclusão

Neste **último** capítulo, foram apresentadas sugestões sobre a estruturação e implantação da Capelania Cristã, através de um projeto, que poderá ser implantado com adaptações para outros setores da Capelania Cristã, de acordo com a necessidade e realidade local.

Entretanto, as pessoas que recebem o apoio da Capelania Cristã nos mais diversos Setores de atuação sempre deverão receber a ministração de mensagens completas sobre o "Plano de Redenção de Deus", através dos componentes: Consolo, Perdão, Salvação Eterna e oração de Confissão de Fé em Cristo.

Portanto, Deus tem um propósito para cada pessoa. Ele conhece o ser humano e quer lhe oferecer uma nova vida feliz ainda na Terra e um lar eterno no Céu! Por isso, quero desafiar-te a envolver-se nesse abençoado ministério, para ter suas próprias experiências e crescimento espiritual. Porque Deus está **à** procura de pessoas que reconhe**ça**m suas fraquezas e sejam gratas, considerando que saíram das trevas e encontraram a maravilhosa luz em Jesus e, dessa forma, estão disponíveis para ajudar a salvar outras vidas.

Assim, **não** temas, porque o Criador fortalece e capacita todos os soldados do seu Exército Celeste! A luta vem e passa. Avante, cristão destemido! Você é vitorioso!

TRÊS TESTEMUNHOS PONTUAIS DE MILAGRE E CURA NA MINHA VIDA

Agradeço ao **meu Deus** pela sua magnífica graça e misericórdia por mim. Livrou-me da morte muitas vezes. Portanto, tenho **Jesus Cristo** como a razão do meu viver, o qual é o bálsamo que cura as minhas feridas e o cansaço da minha alma! E confesso que o amarei para sempre; como afirma a letra do hino do Pe. Zezinho; "Te Amarei, Senhor", porque "Me puseste uma brasa no peito, e uma flecha na alma". E assim fui totalmente tomada pelo seu sublime amor. Por isso, deixo aqui registrados três testemunhos pontuais de libertação e cura Divina na minha vida.

O primeiro testemunho de cura

Ocorreu no dia em que completei três anos de idade. Sofri uma queda da escada em nossa residência na Lapa, PR, e tive traumatismo craniano, fiquei por 12 horas convulsionando. Naquele tempo, era difícil conseguir internamento. Então, o médico veio até nossa casa e me aplicou uma injeção endovenosa, porém sem melhoras. A casa ficou cheia de pessoas curiosas e pessimistas; uns diziam que era melhor que eu morresse, para não ficar sofrendo com retardo mental ou mesmo com paraplegia. Porém, minha mãe nunca desistia de mim. Após muitas horas de sofrimento, ela lembrou-se da Sr.ª Marcolina, que fazia orações, e a mandou chamar. Então, ela veio, me pegou no colo e rezou muito. Imediatamente, eu tossi e ela disse: "Agora, sim, a menina está salva"; e assim ocorreu. Graças a Deus, fiquei boa, sem nenhuma sequela!
Então, fui salva pela primeira vez! Glória a Deus!

O segundo testemunho de milagre

Ocorreu por ocasião de meu trabalho voluntário de evangelismo domiciliar em Maringá, PR. Eu fazia parte de um grupo de amigas cristãs e visitávamos semanalmente pessoas que eram portadoras de HIV. Certo domingo, eu fui sozinha visitar uma paciente em estado terminal, portadora de HIV. Entretanto, ela estava com tuberculose e encontrava-se em tratamento médico. Por ser final de semana, não conseguiu ninguém para lhe aplicar a injeção de antibiótico. Então, prontamente me candidatei a ajudá-la, porque tinha prática de enfermagem. Entretanto, após a aplicação da injeção intramuscular, fui colocar o protetor na ponta da agulha e errei o alvo, picando meu próprio dedo polegar, que logo começou a sangrar... Então o que fazer? Pois aquela agulha estava contaminada pelo sangue da paciente! No mesmo instante, lavei o local com água e sabão. Mas continuei correndo o risco de ser contaminada pelo vírus do HIV, se tão logo alcançasse minha corrente sanguínea. Ao chegar em casa comuniquei o ocorrido ao meu esposo, que ficou muito nervoso. À vista disso, ele, que é médico, correu atrás do chamado "Coquetel" (de medicamentos), pois teria que conseguir rapidamente, dentro de duas horas, a fim de impedir a propagação do vírus no meu organismo. Caso contrário, eu ficaria doente. Mas, graças a Deus e à amizade do meu esposo com outros colegas, conseguiu rapidamente o "Coquetel" de medicamentos, que em seguida comecei a tomar. No dia seguinte, fiz uma consulta com uma médica infectologista, que me tranquilizou. Mas foram dois longos meses de tratamento e muita dor no estômago!

Alguns meses após o incidente, aquela paciente faleceu, e infelizmente sua família não pôde vê-la, porque seu caixão foi lacrado, devido à tuberculose. Terminei o tratamento, fiz vários exames de sangue e nada se constatou a respeito. E já se vão 20 anos!

Então, fui salva pela segunda vez! Glória a Deus!

O terceiro testemunho de cura

Há mais de cinco anos, realizo trabalho no Hospital do Câncer de Maringá, como capelã voluntária. E, como mencionei anteriormente, faço parte do Grupo Capelania Cristã Graça e Luz, que atua em hospitais e outros setores. Entretanto, em fevereiro de 2022, eu me encontrava muito cansada, mesmo sem fazer esforços físicos. Então, um dia, quando ministrava a mensagem cristã na Casa de apoio próxima do HC, quase desmaiei. Após esse evento, procurei um médico endocrinologista, que constatou através de exame de sangue uma anemia. Por isso, a seguir, realizei um *check-up* geral. E foi através de uma colonoscopia que foi constatado um tumor intestinal e mais cinco linfonodos com metástase no meu intestino. No dia cinco de março do mesmo ano, fui submetida a uma cirurgia para a retirada do tumor. E confesso que, a partir do momento em que foi realizada a cirurgia, eu senti pela Fé que Deus me curou totalmente e até comentei na época com meu cirurgião!

A seguir, fiz um tratamento quimioterápico de 12 sessões de 15 em 15 dias. Não foi fácil suportar os efeitos colaterais do tratamento. Entre a segunda e a terceira sessão de quimioterapia, no período da pandemia, contraí covid-19 e trombose na artéria pulmonar, devido à minha baixa imunidade. Com esses sintomas, o médico me mandou para a UTI. Porém, meu esposo interveio, preocupado com a contaminação geral de infecções; por isso, fiquei internada em um quarto isolado no hospital, por uma semana. Já passei por muitas lutas e longos meses de isolamento em casa devido à baixa imunidade. Contudo, sempre senti o consolo do Pai Celestial, o carinho de meus familiares e amigos, que tanto oraram por mim.

Dessa forma, faço *check-up* geral todos os anos e, pela infinita graça e amor de Deus, fui curada!

Então, fui salva pela terceira vez! Aleluia!!

Em síntese, tudo ocorreu bem, pela magnífica graça do meu Deus eterno. Por isso, receba a minha gratidão eterna e que toda a Honra, Glória e Louvores sejam para sempre ao meu Pai e Senhor! Amém!

REFLEXÃO

Conforme testemunhei anteriormente, Deus fez milagres e me curou **por três vezes, como também me livrou da morte inúmeras vezes!** Por isso, sou feliz e muito grata ao meu magnífico Deus do Universo!

Contudo, sei que nossa vida terrena tem prazo de validade! Ela **é temporária e passa muito rápid**a, como um fio de fumaça, porque somos cidadãos do Céu, e a Terra é apenas uma residência temporária. A respeito disso, o Rei Davi fez a seguinte oração: "Senhor, mostra-me o pouco tempo que me resta aqui. Mostra-me como a vida é curta e eu sou frágil" (Salmos 39:4). Por esse motivo, não perca tempo; é necessário desapegar-se das riquezas deste mundo, como o próprio Cristo nos alertou: "Mas acumulem para vocês tesouros nos céus, onde a traça e a ferrugem não destroem, e onde os ladrões não arrombam nem furtam", "Pois onde estiver o seu tesouro, aí também estará o seu coração" (Mateus 6:20-21). Porque Deus nos criou para seus propósitos eternos.

Diante disso, te convido a refletir: "Se você morrer hoje, você tem certeza de que vai para o Céu?".

A escolha é sua!

Por isso, te convido a buscar **o maior Tesouro da vida**, que é a **Salvação Eterna em Jesus Cristo**.

Faça a melhor escolha da sua vida. Caso você ainda não tenha Jesus Cristo como o legítimo Salvador, ainda há tempo! Entre no seu quarto, feche a porta e fale com Deus, que te ouvirá. Arrependa-se dos seus pecados e receba Cristo no seu coração, como **seu Salvador e Senhor**, porque Ele pode mudar seu futuro e transformar sua vida, pelo poder do Espírito Santo. E proporcionar-te paz e alegria, para viver com propósitos eternos. Mas seja fiel até o final da sua existência terrena, pois "Cristo é o único caminho, a verdade e a vida", e ninguém vem ao Pai, senão através Dele.

Além do mais, seu sacrifício na Cruz nos concedeu o direito de nos tornarmos filhos de Deus e termos comunhão diária com Ele, para sermos felizes, ainda neste mundo, e no futuro desfrutar da Salvação Eterna Celestial, porque tudo o que temos é pela infinita graça do Rei do Universo.

Afinal, estamos aqui de viagem, como estrangeiros em terra estranha. Porém, nossa identidade está na morada eterna com Jesus Cristo, porque a nossa Pátria é o Céu! Amém!

Reflita sobre isso!
Roseni das Graças Nery

REFERÊNCIAS

AITKEN, E. V. Papel do assistente espiritual na equipe de Cuidados Paliativos. In: *Manual de cuidados paliativos*. Academia Nacional de Cuidados Paliativos, 2009.

AITKEN, E. V. *No Leito da Enfermidade*. 7. ed. São Paulo: Editora Cultura Crista, 2015.

ASSOCIAÇÃO Capelania Evangélica Hospitalar (ACEH). *Curso de Capelania Hospitalar Nivel I*. São Paulo, 2018.

ASSOCIAÇÃO Capelania Evangélica Hospitalar. [20--]. Disponível em: http://repositorio.unifesp.br/bitstream/handle/11600/22128/Publico--22128-b.pdf;jsessionid=BD71D83F5EF5C013B8B6FC813A2F229E?. Acesso em: 26 fev. 2019.

ARAÚJO, S. C. *Procurando minha metade*. São Paulo: Editora Candeia, 1998. 19, 47 p.

BOYER, O. *Esforça-te para ganhar almas*. 28. ed. São Paulo: Editora Betânia, 2006. 22, 25 p.

BOYER, O. *150 Estudos de Mensagens*. 28. ed. Rio de Janeiro: Casa Publicadora das Assembleias de Deus, 2020. 210 p.

BRASIL. Constituição (1988). Constituição da República Federativa do Brasil. Organização de Alexandre de Moraes. 16. ed. São Paulo: Atlas, 2000. Disponível em: https://www.jusbrasil.com.br/artigos/organizacao-do-estado/488754299. Acesso em: 27 fev. 2019.

BRASIL. *Lei Federal Nº 9.982, de 14 de julho de 2000*. Dispões sobre a prestação de assistência religiosa em entidades hospitalares. Brasília, 2000.

BÍBLIA. Português. *Bíblia de estudo Pentecostal*. Tradução de João Ferreira de Almeida edição ARC 1995.

BRASIL. *Biossegurança em Saúde*: Prioridades e Estratégias de Ação. Brasília: Ministério da Saúde, 2010.

COSTA, C. L. *Manual prático/ Capelania Prisional*. ITEPAR Maringá-PR. 2013.

CAPELANIA ESCOLAR. Semeando esperança nas escolas. *MPC Brasil*, [s. l], [20--]. Disponível em: https://mpc.org.br/capelania-escolar/. Acesso em: 21 mar. 2024.

DOCUMENTOS internos da Comissão de Controle de Infecção Hospitalar. *Hospital Santa Rita*, [20--]. Disponível em: http://www.hospitalsantarita.com.br/file/SCIHN03. Acesso em: 28 fev. 2019.

FITZPATRICK, E.; CORNISH, C. *Mulheres Ajudando Mulheres*. 3. ed. Rio de Janeiro: Casa Publicadora das Assembleias de Deus, 2002. 476 p.

FONTENELLE, L. F. As 10 principais doenças dos idosos no Brasil. **Doutor Leonardo**, [s. l], 6 out. 2010. Disponível em: http://leonardof.med.br/2010/10/06/as-10-principais-doencas-dos-idosos-no-brasil/. Acesso em: 16 fev. 2019.

FRIESEN, A. *Cuidando na Enfermidade. Curitiba:* Editora Evangélica *Esperança, 2007.* v. 1. *166p.*

KOPESKA, M. *Superando o luto*. Curitiba: A. D. Santos Editora, 2009, p. 2-13.

LOPES, D. H. *Panorama da História Cristã*. São Paulo: Editora Hagnos, 2018.

LUCADO, M. *Soluções de Deus*. Rio de Janeiro: Thomas Nelson Brasil, 2011. 19, 267, 268 p.

MINISTÉRIO Apologético. *O obreiro e a visitação hospitalar*. [S. l.], [20--]. Disponível em: http://www.cacp.org.br/o-obreiro-e-a-visitacao-hospitalar/. Acesso em: 7 mar. 2019.

NORMAS de biossegurança em saúde: principais riscos físicos no ambiente hospitalar. *Tecnologia CM*, [s. l], [20--]. Disponível em: https://www.cmtecnologia.com.br/riscos-fisicos-ambiente-hospitalar. Acesso em: 13 fev. 2019.

RELIGIÃO. Wikipédia, [s. l.], 2016. Disponível em: https://pt.wikipedia.org/wiki/Religi%C3%A3o. Acesso em: 8 de mar. 2019.

SAAD, M.; MASIERO, D.; BATTISTELLA, L. R. Espiritualidade baseada em evidências. Acta Fisiatr, v. 8, n. 3, p. 107-12, 2001.

VASSÃO, E. P. C. *Aconselhamento a Pacientes Terminais*. São Paulo: Presbiteriana: Luz para o Caminho, 1991. 137 p

WARREN, R. *Para que estou na Terra?* 3. ed. São Paulo: Editora Vida, 2013.

BIOGRAFIA DA AUTORA

Roseni das Graças Nery, filha de Antonio Kubersky (*in memoriam*) e de Maria Thereza Hartkopp Kubersky (*in memoriam*). Sou a primogênita de oito irmãos, sendo cinco mulheres e três homens, porém o Benedito, ao nascer, faleceu.

Meu pai era mecânico de automóveis e minha mãe, zeladora escolar. Nasci na Cidade da Lapa, PR, em 3 de agosto de 1953.

Passei minha primeira infância na Lapa. Porém, aos 6 anos, minha família mudou-se para a Capital. Dessa forma, minha segunda infância e a idade adulta ocorreram em Curitiba. Em um ambiente de poucos recursos financeiros, porém com muito amor e união.

Aos 8 anos de idade, ainda não sabia orar como hoje. Porém, com meu coração puro de criança, todos os dias ao entardecer, usando um rosário colorido que ganhei de minha avó materna Maria Afonso, eu fazia preces a Deus, juntamente com minhas irmãs mais novas, Maria Eli e Noeli.

Aos 14 anos, fiz o curso de datilografia e comecei a trabalhar, tendo exercido várias profissões. Fui secretária, bancária, auxiliar de escritório e auxiliar de sapateiro.

Todavia, foi aos 19 anos que comecei a sentir meu coração arder de compaixão pelas pessoas enfermas. Por isso, sem saber da minha missão de capelã cristã, fazia visitas na Santa Casa de Misericórdia de Curitiba. Trabalhava em um escritório e usava meu intervalo do almoço para levar balinhas de goma e uma palavra de consolo e esperança a todos. Escrevia algumas cartas aos familiares de pacientes que sentiam saudades dos seus, pois, em geral, eram pessoas que vinham do interior do Brasil para tratamento médico e ficavam meses internados.

Com o propósito de ficar mais próxima dos doentes, resolvi sair do meu emprego para fazer o curso de Auxiliar de Enfermagem. Foi difícil, devido à minha dificuldade financeira, porém "valeu a pena", pois com muito prazer trabalhei nessa abençoada profissão por mais de 12 anos. Entrementes, aos 20 anos, passei por uma nova experiência de conversão a Jesus Cristo e, juntamente com minha mãe e demais irmãos, começamos a frequentar uma igreja evangélica, próxima da nossa casa.

Mais tarde, já formada como auxiliar de enfermagem, fui trabalhar na mesma instituição em que outrora visitava os enfermos. E foi nessa ocasião que conheci um jovem estudante de Medicina, Luiz Nery, que lá trabalhava no período noturno. Posteriormente, em 1/9/1979, tornou-se meu esposo, precioso presente de Deus na minha vida. Em 1983, mudamos para Maringá, PR, cidade em que residimos até a presente data. Tivemos três filhos: Karin, Marlon e Maikel, atualmente todos casados. E até o presente momento temos cinco lindos netinhos: Olavo, Miguel, Rafaela, Joaquim e Pedro.

Quanto à minha vida acadêmica, sou formada em Serviço Social, pela Faculdade de Ciências Humanas e Sociais de Curitiba, e em Teologia, pelo Instituto e Seminário Bíblico de Londrina (ISBL). Concluí também dois cursos de mestrado. Um em Educação Cristã, pelo ISBL, e o outro na área da Saúde, pela Universidade Estadual de Maringá. Além disso, passei em três concursos públicos da esfera federal, tendo trabalhado muitos anos nas respectivas áreas, como segue:

1º) como auxiliar de enfermagem, funcionária pública, no Hospital Geral do Exército em Curitiba, PR;

2º) como assistente social pioneira, no Instituto Nacional de Previdência Social de Maringá, PR;

3º) como auditora fiscal da Receita Federal, atualmente aposentada.

No decorrer dos anos, concluí vários cursos de especializações e desenvolvi alguns projetos sociais voltados para ajudar pessoas enfermas e vulneráveis.

Realizei trabalhos voluntários na fundação da Casa de Apoio da Rede Feminina de Combate ao Câncer, bem como atuei no Projeto Vida, ligado a uma comunidade terapêutica de Maringá.

Em 2019, coordenei e ministrei um curso de Capelania Cristã presencial, na igreja do Movimento para Libertação de Vidas (MOLIVI), com a formação de 160 capelães.

Desse modo, há muitos anos sou voluntária da Capelania Cristã, em Maringá. E no momento participo da orientação e coordenação do Grupo chamado "Capelania Cristã Graça e Luz", resultado deste trabalho, e formado por capelães de várias denominações cristãs, os quais realizam sua missão em várias instituições sociais e de saúde, na Cidade de Maringá, PR e região.

Irmãos da autora

Da esquerda para a direita: o irmão Sérgio. Ao lado dele está a irmã Sonia. Em seguida está a irmã Andreia. Ao centro a autora Roseni. À direita dela está a irmã Maria Eli. Em seguida a irmã Noeli e o irmão Marcos.

2019 - Maringá-Paraná.

A família da autora

Da esquerda para direita: O filho Maikel com seu filho Joaquim e sua esposa Laís com seu filho Pedro. Em seguida, o filho Marlon com sua esposa Ana Paula e seus filhos Olavo e Miguel. Ao centro, a autora Roseni e seu esposo Luiz. À direita deles, a filha Karin com seu esposo Antônio Vitor e sua filha Rafaela. 2024 - Curitiba-Paraná.

Grupo Capelania Cristã Graça e Luz
Maringá-Paraná, 2023

Para obter mais informações sobre a formação de grupos de Visitadores Cristãos ou Capelães, seja entre amigos, ONGs ou Instituições Religiosas, ou mesmo para fazer comentários sobre o livro! Por favor entre em contato conosco no seguinte endereço de e-mail: rosenigknery@gmail.com ou WhatsApp 02144999361757 e visite nossas redes sociais com poemas e mensagens cristãs: @missionariaroseninery e o YouTube missionária Roseni Nery - Maringá/PR Brasil. Que Deus abençoe poderosamente você e sua família! Amém!